U0561175

图书馆，不仅是藏书楼

吴一舟　著

海洋出版社

2023 年 · 北京

内容简介

本书以时间为序，收录了作者在成为图书馆人之前和之后的五篇文章，是对公共图书馆的几次重大认识和体验的记录，由此可以看到作者对公共图书馆在认知上的变化历程。这些文字成于不同的时间，篇幅之间也有不小的差距，更没有统一的章法，但有一个共同点，都比较感性，本书没有高深的理论，倒是偶尔会有一些感悟式的评说。

图书在版编目（CIP）数据

图书馆，不仅是藏书楼/吴一舟著 . —北京：海

洋出版社，2023.6

（二十一世纪图书馆学丛书 / 丘东江主编. 第五辑）

ISBN 978-7-5210-0513-4

Ⅰ.①图…　Ⅱ.①吴…　Ⅲ.①公共图书馆-图书馆服

务-研究　Ⅳ.①G258.2

中国版本图书馆 CIP 数据核字（2019）第 297683 号

责任编辑：杨　明

责任印制：安　森

海洋出版社　出版发行

http：//www.oceanpress.com.cn

北京市海淀区大慧寺路 8 号　邮编：100081

鸿博昊天科技有限公司印刷　　新华书店发行所经销

2023 年 6 月第 1 版　2023 年 6 月北京第 1 次印刷

开本：787mm×1092mm　1/16　印张：11.5

字数：143 千字　定价：66.00 元

发行部：010-62100090　总编室：010-62100034

海洋版图书印、装错误可随时退换

主编弁言

"二十一世纪图书馆学丛书"第一、二、三、四辑出版以来，受到图书馆工作者的欢迎。因为其主要特点是选题务实、信息新颖、内容丰富、注重图书馆实践和结合图书馆工作实际。

现在，该丛书第五辑出版的 13 个选题，是从 60 多个应征稿件中仔细挑选出来的。这些选题力求题材独特、知识丰富、立意新颖和可读性强。

"二十一世纪图书馆学丛书"第五辑涵盖面比前四辑更为广泛，包括《特色资源元数据设计与应用》《高校图书馆研究影响力评价服务实务》《图书馆传播理论与实践》《海上图林——海派图书馆事业的萌芽与发展》《专题馆，图书馆深化服务的探索》《不独芸编千万卷——图书馆讲座实务》《信息技术在图书馆的应用》《新时期上海图书馆文献编目工作实践》《连续出版物机读目录的编制》《图书馆世家的读书种子——沈宝环之生平、著述与贡献》《两个世界图书馆合作组织知多少》《图书馆，不仅是藏书楼》《图书馆里的巾帼典范——海外图书馆知名女性理解的阅读与人生》。

　　我想上述选题内容，图书馆馆员会有兴趣阅读；相信这些务实的专业论著的出版，对图书馆现时的工作有所裨益、对图书馆馆员知识水平的提高有所帮助。

丘东江
2019 年 7 月于北京东升科技园

我对图书馆的认知
（自序）

1

作为一个喜欢读书的人，我自然从来都是关注图书的。可认真想想，好像在我人生的前40年里并没有怎么关注过图书馆，图书馆的存在与否并没有影响我读书的胃口。

我小时候正处于一个红色的年代，当时没有启蒙教育这一说。我没怎么读过那种花花绿绿、充满奇幻的儿童绘本，更没有把书当玩具，随便撕着玩的经历。我的读书经历是从上学以后阅读课本开始的，也因此，小时候最兴奋、最幸福的一天就是新学期开学发新课本的那天。那个时刻，我感觉自己是世界上最富有的人，尽管按现在的眼光来看，那时候的课本只有黑白，印刷质量也粗陋得很。等我回到家里，就会一边用牛皮纸小心翼翼地给新课本包书皮，一边忍不住要翻看一下接下来这学期将要学的东西。我感觉那课本里面充满了神奇的谜团，心里痒痒的总想早点揭开谜底。那一刻，我还不知道图书馆是个啥玩意儿，但已然感觉足够幸福了。

后来，识的字越来越多，我也知道这世界除了课本还有别的书，有些书似乎比课本还有意思，于是就有了读杂书的渴望。那时候家里除了《毛主席语录》之类的，不记得还有什么杂书，但到同学家串门的时候，偶尔能看到少量的杂书。在我记忆中，让我最渴望，跟同学抢着、拼着看的杂书是关于革命英雄的小人书，现在知道那种书的学名叫连环画，诸如"黄继光挺胸堵枪眼""董存瑞舍身炸碉堡""雷锋做好事不留名"等等，最初都是从小人书上知道的。当然，让我终生难忘的是，有一次我得了个奖，学校里除了发一张奖状，还每人发一本小人书，书名叫《伟大的革命家、思想家、文学家——鲁迅》。我当时就想，校长真是太伟大了。从此，我就认识了鲁迅。那时候，我不知道还有一个可以免费借书和看书的地方，叫图书馆。

再后来，想看的书越来越多了，能看的书也越来越多了，可以去淘书的地方也越来越多了，其中有一个地方就叫图书馆，这就是我对图书馆的最初认知。遗憾的是，多年以来，也不知是我对图书馆的认识没有提高，还是图书馆服务方式没有改变，反正，我很难得去一次那个地方。为什么呢？因为到那里要有很复杂的手续去办证，还要押金，进某些阅览室还要有特殊的资格，想借某些书只能查查卡片，却从来见不到真容，让人感觉壁垒森严，高深莫测。剩下一些可以让你自由取阅的书，一定是破旧不堪的，或者老掉牙的。最后，啥书也没淘到，只能让那张费了九牛二虎之力才办成的借书证束之高阁了。

所以，当我想要看书、淘书的时候，首先想到的是两个地方，一个是新华书店，另一个是旧书摊，在这两个地方，我能如愿以偿。新华书店里总是有我想不到的、看不完的各类新书，特别是当书店改变经营方式，像超市那样全开架式卖书后，那真叫爽啊。稍稍有点遗憾的是，这种爽的感觉只能局限于书店之内，当我走出书店还想把某一本钟爱的书占为己有，那对不起，我只能打开荷包，而这又是一件挺让我心疼的事。因此，多半情况下，我是带着爽并心疼着的感觉离开大型书店的。在旧书摊往往难以找到大型书店里的那种爽的感觉，当然也不会有那种打开荷包时的心疼，多半时候是平心静气的，有时候反而会萌生期待落空后的失望之情。不过，在旧书摊偶尔会因遇到一本好书而有欣喜若狂，像找到失散多年的初恋情人似的那种让我心要蹦出喉咙口的感觉。这种感觉不常遇到，但正因为遇到过，我始终对旧书摊难以忘怀，总是期待着哪一天再来一次那种感觉。

不管怎么说，这都没有图书馆啥事，这个世界，有没有图书馆实在是无所谓的，至少对我而言是这样。之所以会让我产生这样的误解，与我后来所了解的咱们中国的一种文化传统——藏书楼文化——有关。这种文化崇尚建一座很像样的房子，把书藏得好好的，除了楼主人得以享用书海，一般不对外示人，而是作为家族文化财富留给子孙后代的。这种文化有它有利的一面，它使我们中华文明的足迹能够不间断地记录并保留下来，让我们能够很清晰地了解祖宗们都干了些什么，怎么干的，啥时候干的。可对当下的人就不太善意了，没有一点背景的人，那是不可以随便走进藏书楼的。难怪我心目中的图书馆一直给我一种高深莫测的感觉。

不过，这种想法在我40岁以后发生了改变。我很幸运地得知并深刻体验到，原来世界上并不是所有的图书馆都是像藏书楼那个模样的，西方发达国家早就不是那个模样了，而正在改革开放中的中国图书馆也在大踏步地改变着，不但可以满足我追求的那种爽且不心疼的心理，还不止于此，它似乎有一种特殊的气场，让你感觉在那儿读书与在其他任何地方都不一样。你会变得很安详、很豁达，变得可以轻松地看穿这个世界，然后，自己也有一种难以言传的通透感。

看来，这世界还是有图书馆更好。

2

博尔赫斯说，我心里一直都在暗暗地设想，天堂应该是图书馆的模样。这句名言一直默默地安慰并鼓励着世界各地的图书馆人，让我们觉得自己所从事的工作不但高尚，而且充满了希望，为别人，也为自己。

时至 21 世纪的今日，新事物、新革命潮涌般一浪接着一浪，各行各业无不忧心忡忡却又兴奋不已，忧心的是自己或自己安身立命的机构是否会被淘汰？何时会被淘汰？兴奋的是不确定的未来给他们提供了无限的想象空间和创新的可能性。身处这个日新月异的时代，图书馆人总的来说还是幸运的，至少到目前为止，没有人会质疑图书馆事业的高尚性，反而因为城市化进程打破了传统的熟人社会，越来越多的人需要有一个让自己心灵宁静的空间，他们更愿意相信图书馆的模样似天堂。问题是，天堂的模样又是如何的呢？没人说得清楚。这就给图书馆人带来了焦虑，一方面，我们究竟该如何建造和运营我们的图书馆，使它更接近人们期望中的天堂的模样？另一方面，图书馆这个天堂般的地位是否会在一波接着一波的新技术浪潮中被替代？这两方面的焦虑不是没有道理的，毕竟，图书馆长期得以安身立命的基础是以图文信息为载体的人类文明成果，而这一波新技术浪潮的本质恰恰是信息技术的革命，从逻辑上看，传统图书馆的被替代是毋庸置疑的。

然而，我相信博尔赫斯说天堂应该是图书馆的模样，并不仅仅是因为图书馆提供了信息服务，甚至主要不是这个原因，而是因为图书馆能让人感受到天堂里才有的氛围。换句话说，只要我们能把图书馆做得尽可能接近人们期望中的天堂的模样，何患被替代？又怎么可能被淘汰？

因此我认为，图书馆虽然需要接轨和适应信息技术的变革，但这不是核心问题，核心问题是，面对新的社会结构和生活方式，如何从人性的需求出发，把图书馆至少打造成一个人类的精神方舟，如果能成为天堂的模样，那自然更好。

现实也支持了我的这一观点。虽然近年来学界一直在忧虑着图书馆的被淘汰，虽然也的确有些传统图书馆门可罗雀，虽然新技术新业态如搜索引擎、数字阅读、网上书店、咖啡馆式书店等层出不穷，（并在）很大程度上占领了传统图书馆的服务，但还从来没有听到过要让图书馆彻底消失的舆论声音，反而有大量的图书馆在到馆人数和借阅量等重要指标上节节攀升，反而有越来越多的人开始关注和赞美图书馆。之所以会如此，就因为我们图书馆人从来就没有停止过探索的脚步，"第二起居室""第三空间"等图书馆空间理论引导着图书馆界不断改革我们的观念，拓展公共图书馆的功能，使图书馆的服务远远超出了传统信息服务的范畴并一直在努力靠近那个天堂的模样，尽管那模样究竟怎样一直也不清晰。

3

这本书以时间为序，收录了我在成为图书馆人之前和之后的五篇文字，是我对公共图书馆的几次重大认识和体验的记录，由此可以看到我对公共图书馆在认知上的变化历程。这些文字成于不同的时间，篇幅之间也有不小的差距，更没有统一的章法，但有一个共同点，都比较感性，没有高深的理论，倒是偶尔会有一些感悟式的评说。

我有些相信命运的安排。

第一篇文字成于2004年，当时我在加拿大连续生活了近一年，有幸深入体验了温哥华公共图书馆（Vancouver Public Library，VPL）的服务，让我第一次对公共图书馆有了完全不同于以往观念中的认识。在那儿，办证、借书、阅览没有任何门槛，也不需要一分钱，借书数量没有限制，全市二十多个社区分馆可以通借通还，可以免费上网，免费参加活动，免费接受培训，免费提供就业信息，还可以免费为别人服务，等等。于是记录了我的感触，是当成一种见闻来写的。当时我绝对没有想到，6年以后我自己会成为一名图书馆员。

2009年，我调入杭州图书馆，正值杭州图书馆大发展、大创新时期，作为其中的一员，我参与了诸多创新服务，也切实感受到成为一名优秀图书馆员的不容易，当然，也给了我机会让我把在温哥华的见闻嫁接到我的工作中去。2010年10月，因为工作需要，我有幸去上海图书馆业务学习三天，虽然只有三天时间，但因为是带着充分的准备和问题去学习的，所以收获很大。当然，我也会拿杭州图书馆、温哥华公共图书馆与上海图书馆去做比较，比较的结果，令我对自己在杭州图书馆的工作更充满了信心。这就是第二篇文字。

2011年，我第一次以图书馆员的身份出国，赴丹麦参加一个国际论坛，写下了第三篇文字。这次为期10天的经历使我确信，我在温哥华公共图书馆的见闻并不是温哥华的特例，而是欧美发达国家普遍成熟的图书馆服务模式，北欧甚至做得更具创新性，而杭州图书馆的实践也正在紧跟潮流，并不算落伍。当时的我，眼界得到了进一步拓宽，而且是满脑子的创新与突破。

某种意义上说，第四篇文字记述的是我工作之外的一个业余事件，但这件事又与我的工作有着密切的联系。它对于我更深刻地理解图书馆应该有的模样，对于我跳出图书馆专业体系来畅想图书馆的未来具有很强的借鉴意义。借由这件事，也让我看到了图书馆界以外的有识之士对图书馆的关注以及他们的想法和努力，这令我有些新奇，也颇为欣慰。

第五篇成于 2018 年初赴意大利米兰开展馆员业务交流之后。我在意大利看到了更为悠久的西方公共图书馆传统，也看到了他们在新技术应用上的滞后，更看到了他们对传统服务的坚守，对服务理念的深刻理解。由此也引发了我对公共图书馆服务创新的辩证思考。看来，天堂的建设并不仅仅需要创新，更需要把好的传统坚守好，并做到极致，这也许更难。

书写这些文字的时候，我并没有发表或出版的意图，只是想给自己一个交代，或者只是为了不让自己曾经有过的强烈感受消失，留下一些可供回忆的信息。其中的三、五两篇文字篇幅较长，性质类似，完全是流水账式的。我是想以鲜活、感性和展示细节的方式来记录最真实的东西，并把一些零零碎碎的感悟融入其中。意想不到的是，已经主编过多辑《21 世纪图书馆学丛书》的资深图书馆人丘东江先生偶然得知我有这些文字，便联系我，与我聊了他的理念和想法。我很欣喜他的很多想法与我不谋而合，由此令我对自己的一些想法有了更强的信心。我也很荣幸在他的鼓励下，对这些文字进行重新整理，并有机会与图书馆同人及关注图书馆事业的有识之士们分享，借此表达我的理解，我对公共图书馆的模样的理解。

这，难道不是命运的安排吗？

作者

2019 年 6 月

目　录
Contents

VPL：
颠覆与认同

VPL，并不是什么高新技术的代名词，只是 Vancouver Public Library（温哥华公共图书馆）的英文缩写。在温哥华的街头或公共汽车车身、社区中心等地方，经常会看到这三个字母分别压着蓝红黄三个方形色块排成一列，以醒目的形象出现在人们的视野中。

刚到温哥华时，走在大街上，一切都是新奇的，总感觉我的眼睛不够用，各种各样的文字、图案、色彩刺激着我的视觉，其中就有这个 VPL 的三色 LOGO。随着这个 LOGO 出现频率的增多，我的好奇心也日益增长，这究竟是个什么东西，何以它在公共场所的曝光度远远超过了很多国际品牌？向朋友一打听才知道，原来这是温哥华公共图书馆的标志，真够牛的！这是我对它的最初认知。

如今，我在温哥华生活大半年了，对这座城市已经有了自以为深入的了解，更已成为 VPL 的忠实读者。我每周至少会跑两趟图书馆，或者是 VPL 的中心馆，或者是某家社区分馆。因为有兴趣跑各家社区分馆，也引导我差不多跑遍了温哥华的所有社区，使我在不足一年的时间里几乎成了一名温哥华通，这是意外的收获。

我想说的是，因为爱书，图书一直是我乐于关注的事，但长期以来国内图书馆给我的印象和体验使我很难把爱书看书与图书馆之间联系起来，而 VPL 却彻底颠覆了我对公共图书馆的印象，这种认知上的改变是带有冲击性的，使我有冲动要专门写一写它，也算是我对它的一份回报吧，为了这半年多来它给予我期望之上的贴心服务。

● 第一回亲密接触 VPL

虽然知道了 VPL 是个什么东西，但我并没有强烈的愿望要去拜访它，原因很简单，温哥华有太多新鲜的东西吸引着我，而图书馆是怎么一回事我是知道的，虽然我没见过温哥华的图书馆，但它没有特别吸引我的地方。

几天后，我们一家去逛一个叫 Kingsgate Mall 的商业综合体，这是离我们居住的社区最近的一个商业中心，它的规模不大，大大小小的店铺加起来总共也就 20 来家，这是在加拿大常见的商业模式，几乎每个社区的周边都会有类似的商业综合体，主要是为了方便社区居民购买各类生活用品，里面有超市、蔬果店、药店、邮局、银行、酒品专卖店、五金店、花店、艺术品店、服装店和小餐馆等等，基本上生活所需的东西，只要不太追求奢华名品，几乎都能买得到。逛着逛着，我又看到了那个已经熟识的 VPL 三色标志。哇！原来这里面还有一家图书馆啊。我们带着好奇心走进去转了一圈。它的面积不算大，也就不足1000平方米的空间，但里面很干净，也很安静，地上铺着地毯，有孩子席地而坐在翻看绘本，也有老人在不多的几个座位上阅读报纸，还有几台供人查阅和浏览的电脑。有十几排书架排列着，架上的书挺满，分类挺清晰，排列也整齐。我注意到一个细节，架上的书无论大小厚薄，几乎全是硬封皮的精装本，而且有大量全彩印刷的画册或彩印本，只有少量软封面的平装本被单独排列在一起，边上还特别注明了 softbacks。这个发现令我印象深刻，原来，这种软封皮的书根本算不上 books 啊，只能叫 soft-backs。

初探 VPL，令我印象颇佳，这里环境舒适，出入自由，书多且质优。离开图书馆前，我来到服务台前向图书馆员询问，申办借书证需要什么条件。她的热情回答差点让我乐晕了，她说，不需要什么条件，只要你有带照片的身份证件，无论护照、驾照、公民证都行，还有就是提供一个固定住址就可以了。正好我们的护照都带在身边。我问，可以现在办吗？她说当然可以。于是，我们一家三口立马每人办了一张。那位热情的图书馆员一边替我们填表，一边跟我们拉起了家常，问我们从哪里来的，来温哥华多久了，对温哥华的印象如何，等等。我用我的"三脚猫"英语结结巴巴回答着，因语言障碍而引起的紧张情绪也慢慢放松下来。于是，我趁机问她一些基本的问题：每张证一次能借几本书？借期是多久？她的回答又让我乐了。她说，借书的数量没有限制，你想借几本就借几本，只要你拿得动。借期一般是一个月，期满后可以再续借一个月，有些新书或者儿童绘本，借期会缩短到半个月。我嘴上说着，太好了，太好了！心里却在想，借书量没有限制，要是碰上个不讲常理的，一次把好书新书都借走了，那你们不得关张大吉了吗？当然，我没把这个想法说出来，我知道他们一定会觉得不可思议，怎么会有这种可能呢？好吧，也许是我的思维不讲常理。

那位图书馆员在填好的表上盖了个章，自己留下一份，给了我们一份，说："正式的借书证制作好以后过几天会寄到你们提供的住址，现在，你们如果想借书，凭这张表就可以了。"我又乐了，好方便、好贴心的服务啊。听她这样说，我都不好意思不借了。于是，原本只是进来逛逛的我们，每人都借了几本书。因为英语能力，我们都没有借文字量很大的书，而是那些以图片为主的，我干脆就借了三本精美的大型画册，这些画册是我过去在国内想借却从来无处可借的。我美滋滋地捧在手里，这时候，我开始明白图书馆员刚才说的"你想借几本就借几本，只要你拿得动"的深意了。这些书好沉啊！有如此方便的借阅制度，谁吃饱了撑的会借一大堆搬也搬不动的书回家呢？

几天以后，我们果然收到了同样印着 VPL 三色标志的漂亮借书卡。这就是我第一次亲密接触 VPL 的经历，仔细想想，也是我近十几年来头一回走进公共图书馆并借了书。这次带有偶然因素的经历从此开启了我与 VPL 的缘分，再一想，这偶然中也带着必然。你想啊，作为一个喜欢图书的人，有这么一个对胃口的好地方，怎么可能会长期无缘呢？更何况，VPL 在公共场所的形象宣传做得如此到位，让我们怎么可能无视它的存在？所以，爱上这个地方是迟早的事。

温哥华的社区图书馆多半就是这个模样，宁静、低调但很便利

● 专访 VPL 中心馆

与 VPL 结缘以后，我并不知道还有一个中心馆，但因为有了缘分，对 VPL 这三个字母就变得更加敏感了。

我们到达温哥华的时候正是暑期。为了让自己和孩子都尽快地熟悉温哥华，我们每天都会到周边转转，但因为不熟悉，也没有自驾车，所以往往没有目标，也不可能跑得很远。正有些盲目时，碰到了一个机缘。我们从朋友处了解到，温哥华市教育局每年暑假都会办一个叫KIDS WORLD 的活动。按国内的说法，它其实就是一个贯穿整个暑期的夏令营。这个活动是针对十六岁以下少年的，那时候我儿子正好不到十六岁。这个活动只需要花四十加元，就可以在整个暑假里每天去一个地方玩，而且必须是一个孩子带一名家长。这个活动有一份详细的计划表，每天到哪里活动，路线怎么走，几点钟集合，注意事项等都标注得很清楚，但我们必须自己到相应的地点报到。我在查阅这个活动计划时，一个熟悉的词跳到我的眼前——VPL。仔细研讨之后，我才知道，原来在温哥华的市中心有一个中心馆，规模很大，它的馆舍还是当地的标志性建筑之一。KIDS WORLD 的计划中，有一天的活动就是参观这个中心馆，并且可以体验借还书的流程和一些活动。

这一天，我和儿子骑着自行车，按照我们事先查阅好的路线来到市中心，其实这也是我们第一次来到市中心。刚进市中心，远远的，我们就看到一个颇有特色的咖啡色圆柱体建筑，它的主体不高，也就四五层楼的高度，但有点像罗马的斗兽场，又有点像一个书卷，在书卷打开的地方就是它的入口处。走近了才确定，这正是我们的目标——VPL 中心馆，果然有些与众不同，而且也符合我心目中一个现代化图书馆的形象定位。

这次活动的带队老师就是 VPL 的一位图书馆员，她在入口处前的广场上点名集合后，先大致给我们介绍了一下 VPL 的基本情况，因为英语水平有限，我只能听个大概，而且也记不住一些具体的内容，但令我印象特别深刻的是它与众不同的入口处。这不是一个通常意义上的图书馆的大门口，而其实是一条长廊的入口，这条长廊，从建筑形象来看，就是书卷主体与卷首之间形成的夹缝。书卷主体在左侧，正是图书馆的建筑主体，右侧的卷首建筑则被安排了一些店铺，而这条长廊就变成了集休闲交流、餐饮小吃、文创售卖于一体的小街。长廊的上方是透明的玻璃顶，明媚的阳光可以尽情洒落，雨水却被挡在外面。我被这个极富人性化的安排所打动，如果把它提升到理论高度来看，通过这条长廊，VPL 把精神食粮和物质享受有机地融为了一体，让进出图书馆的人始终能感受到这里是一个接地气、有烟火味的地方。

走进图书馆的一楼大厅，它没有给我气宇轩昂、富丽堂皇的感觉，但温暖的色调、有序的设施布置、极富视觉冲击力的各种海报和装饰品，让人感觉既亲切温暖又振奋宁静，偌大的空间里，进进出出的读者不少，但并不嘈杂。我想，这与这里的读者素质有关，但似乎也并不全是这个原因，整体的氛围会让原本大声说话的人也不自觉地安静下来。

带队老师领着我们一边走，一边用她轻到正好让我们听得清的声音介绍着。很奇怪，正因为她说话声音轻，我们反而都紧跟着她，努力认真地听她讲，这样既不影响其他读者，我们这个团队也变得特别认真自觉。这忽然让我想起了国内的导游带团，导游们唯恐团队成员听不清他的介绍，要带上一个小喇叭拼命地喊，结果，所有的导游都这么做，弄得嘈杂的声音此起彼伏，既影响旅游效果，也破坏了环境，游客们也不见得会认真听，很值得反思。

我们一层一层往上走，可以看到各个不同的区域，有常规的书架，也有那种可移动的密集型书架，有专门的录像带、CD借阅区，有专门收录温哥华当地文史资料的区域，墙上还陈列着许多颇有味道的老照片，每一层都设有一些阅览座位和电脑位，可供读者坐下来阅读或查阅资料，但没看到有专门的阅览室和电脑室。事实上，从一楼到四楼，所有的空间都是全开放的，并没有单独功能的服务空间，各种不同的服务设施都因地制宜无障碍放置，读者可以很方便地看到或找到他所需要的图书资料，同时，因为空间宽敞了，给人的视觉感受也通透敞亮了。我感觉，这是在空间布局上与国内图书馆最大的不同。

逛完一圈，带队老师对大家说，现在我们到地下一层去，那边还有展览可以看，然后，大家有什么问题，我们还会有另一位老师来跟大家做互动，如果有谁还没有办借书证又想办的，我们可以现场办。她的话引起了大家一阵小小的欢呼。我没想到这里又是另一番天地。这里的空间很单纯，没有太多的服务设施，但可以根据需要分割组合。我看到有三个展览在同时举行，根据展品的需要分成了三个独立又可以相互走通的空间。三个展览也是差异挺大，一个是反映温哥华当地历史文化风貌的摄影展，一个是某位学生的绘画展，在我看来，这两个展览的水准都一般，显然出自非专业的普通市民之手。而还有一个却是现代雕塑展，各种材质的抽象雕塑，有立于地面的，有挂在墙上的，还有从棚顶垂挂下来的，显得丰富多彩且水准很高。

带队老师告诉我们一会儿可以慢慢看展览，先带我们进了另一个房间，我感觉，它其实是与前面的展厅连成一体的空间，只不过临时被隔离开来成了一个活动场地，里面放着几排可以随时搬动的椅子，显得很简单，但有一台电脑和一个很大的投影幕布。这里，已经有另一位很帅气的男馆员等着了。他自我介绍了一番，表达了欢迎的意思，然后又对大家说，VPL不仅欢迎大家来看书、借书，而且也欢迎大家来参与各种活动，来办展览，所有这些服务都是免费的，同时，也欢迎大家来展示自己的才能，来做自愿者（志愿者）为其他读者提供服务，当然，这也是无偿的。他还向大家分发了 VPL 的服务小册子，里面不但有一些基本的服务信息，还有近三个月所有重要活动的预告，还告诉你可以通过哪些渠道获得 VPL 的服务信息。显然，这个手册是每三个月更新一次的。然后，他又引导孩子们提了很多乱七八糟的问题，再一一做出解答。最后，他果真对大家说，如果谁想要办借书证的，他现场就给大家办。其中很多人都已经办过借书证了，但也有一些年龄较小的孩子，或者新到温哥华的人，借此机会都纷纷办了证。我们因为早已办好了证，便去参加展览了，接着又重新逛了一遍各楼层，翻翻找找自己喜欢的图书，顺便又借了几本书。

回来的路上，我一直在想，这一趟 VPL 的参观，虽然只是走马观花，但有很多东西对我的冲击还是挺大的，比如，它的空间和环境布局，它的秩序和氛围，它的服务的主动性和细节，它的宣传和推广力度。国内的图书馆和其相比，这些方面的差距不是一点点。难怪它的知名度会这么高，走进它的地盘会那么舒服。它的背后，一定有清晰而成熟的理念，有长期不懈的努力和完善。

● 遍访 VPL 社区分馆

VPL 给我留下了美好的印象，加之我在温哥华期间正好比较清闲，于是，我对图书馆的激情得到了前所未有的开发，跑图书馆成了我的日常生活内容之一。一开始，因为对温哥华的城市体系和交通网络都不熟悉，不方便跑得太远，主要跑离居住地最近的社区图书馆，就是我最初亲密接触的、设在 Kingsgate Mall 里的那家，后来我知道，它就是我居住地所在的社区——快乐山（Mount Pleasant）社区的分馆。

VPL中心馆的建筑既古典又现代，还充满了书卷气

在这里，我最感兴趣的书有三类：1. 园艺类；2. 食谱类；3. 儿童绘本类。这三类书的共同特点是图文并茂，文字简单易懂，这与我当时的英文水平不足以阅读复杂的英文有关，也与我本身喜欢美术，是个"视觉动物"，对图像更敏感有关。我被这些图书的精美图片和高质量的印刷工艺深深迷恋（吸引）着，而且这三类书恰恰是这家馆里比例最高的图书，我可以很过瘾地在馆里现场翻阅，碰上特别让我心动的，我会借回去，再把有启发性的或特别动人的图片拍下来。后来跑了更多的分馆以后，我才知道，这三类图书几乎在所有分馆都是比例最高的，原因就在于，社区分馆的主要服务群体是家庭主妇、老人和孩子，这三类图书正是他们日常生活最需要的。

因为对写作和绘画的热爱，我那段时间正好在考虑新的创作方向，这些图书的大量浏览和借阅，大大启发了我的创作思路，我觉得那些生动的园艺和美食图片，经过提炼以后，很多可以成为静物和花卉油画的素材，而那些风格多样的儿童绘本，无论在文本创作还是在绘画风格的尝试上都给了我很多启发，我甚至觉得，我可以考虑连文带绘自己来搞绘本创作。随着这种感觉的不断加强，也随着来这家分馆的次数的增加，我越来越觉得这家分馆的图书不能满足我的要求了，于是，我开始跑 VPL 的中心馆，也开始产生了要去其他分馆看看的冲动。正好，这时候我买了一辆二手车，也为我跑得更远创造了条件。

我在 VPL 中心馆找到了温哥华全市各社区馆的分布图，并通过与馆员们的聊天，了解到全市各个社区都有一家图书馆，分布非常合理，共有 20 家，都归中心馆统一管理，实现全面联网，通借通还，但每家馆还是有一定的自主权，比如采购什么样的图书，就由各分馆根据各自社区的具体情况自主决定，每本书上也都有标明是属于哪家分馆的。读者如果在别的分馆还书，这些书最终会通过内部的物流系统回到原属馆去。

从此，我开始了各社区分馆的遍访之旅。每去一个新的分馆之前，我都会事先查阅好线路，并留足相对宽裕的时间，在访问这家分馆的同时，也顺便在附近逛逛，了解一下这个社区的情况和特色。加拿大是一个包容性很强的移民国家，来自世界各地的移民都有，而相同或相近国家的移民由于文化的原因往往喜欢聚居在一起，这种情况在温哥华这样的大城市尤为明显，各个社区往往都有不同种族聚居的倾向。这种倾向，在各社区图书馆里体现得非常明显，走进图书馆，你不仅可以通过在馆的读者看出不同种族的特点，而且从馆内的图书结构中也能明显感觉得到。比如中国人聚居的社区分馆里，就会有大量中文版的图书，从中国香港、中国台湾、中国大陆、新加坡进口的图书都有，馆内的装饰物或墙上的标识文字等都会看到中文或中国文化的特征。而跑到另一家馆去，可能会看到令你完全陌生的文化氛围。在这一点上，我认为各社区分馆是用了很多心思的，他们希望本社区的居民走进图书馆会有更舒适、放松的感受，他们也希望自己的服务能更实在地帮助到本社区的居民。

跑得多了，我对温哥华的图书馆体系和整个政府的公共服务体系也变得越来越了解。我发现，虽然各个社区的经济条件都不一样，但公共服务和图书馆的水平差距并不大。很多社区图书馆都与社区服务中心建在一起，也有的社区图书馆有单独的建筑，或者像快乐山社区那样放在商业综合体内，但不管哪种形式，图书馆往往都设在社区最繁华、最中心的位置，规模和面积都不会太小，服务都很正规。特别令我欣喜的是，虽然各家图书馆的图书类别相似，但在同一类图书中，每家图书馆都会看到很多在其他馆没有见过的书，这就使我奔波于各家不同的分馆显得更有意义了。我想，这就是每家分馆自主采购图书带来的好处吧。

更令我高兴的是，在每家图书馆的服务台边上，都会设置一个架子，里面插满了各种各样的资料和宣传品，其中有些是本馆、本社区中心的活动预告，有些是全市的相关信息，内容五花八门，有关于旅游的、移民政策的、工作招聘的、房地产的、税务的，等等，还有很多可以免费取阅的各类报刊。为了方便不同种族居民的阅读，很多资料还会有不同的文字版本。通过这个架上的信息，你几乎可以了解全市和本社区所有近期的相关活动和重要信息。

由于社区服务中心和社区图书馆都是政府下属的公共服务机构，它们之间的合作也为居民提供了更多的方便。一般图书馆与社区服务中心都挨得很近，有很多社区就把这两个机构放在同一栋建筑里，但社区服务中心里拥有更多的活动空间，所以，图书馆会与社区服务中心合作，安排很多讲座、阅读沙龙及体验性活动，这不仅大大增加了图书馆的服务形式，也宣传了图书馆，吸引更多的市民走进图书馆。

社区图书馆的服务台总是花花绿绿的，聚集了各种各样的便民信息

　　VPL 不仅体系完善，各分馆馆藏丰富、服务周到，而且馆员的服务态度也好得令我产生内疚感。有一段时间，我借书的频次大、数量多，经常会造成不同时间、不同分馆借来的书混在一起，时间久了，甚至某本书究竟有没有还也搞不清楚了。一次我去还书时，图书馆员提醒我有一本书已经超期借阅了，希望抓紧来还，否则每天会累积超期罚款。当时我已经记不得这本书了，但我还是言之凿凿地说，这本书我肯定已经还掉了，早就还掉了。那位馆员和蔼地说，那我再查一下，她在电脑前操作了一番后说，系统还是显示这本书没有还。我有些不知所措，但既然刚才已经说过还了，我只能继续一口咬定这本书肯定还了，口气也有些焦躁。这时，那位馆员反而安慰我说，你不必着急，你既然肯定书已经还了，那一定是我们的工作出现了失误，我会把这条未还的记录删除的。她又是一番操作后说，OK 了，你不用担心了。我长出了一口气回了家。过了几天，我在找东西时忽然在床底下发现了那本书。

显然，不是图书馆的工作问题，而是我出了差错。

这件事让我对 VPL 产生了很强的内疚感，从此以后，我会很注意保管好借来的图书，并重视每批书的借还时间。我在想，明明系统记录表明我借的这本书没有还，但馆员还是替我做了特殊处理，我相信，VPL 一定是有政策允许产生一定比例的特殊情况的，否则馆员也无法在电脑上做出处理。而他们之所以会有这样的特殊政策，首先是建立在对读者的充分信任基础上的，他们坚信故意不还书的读者绝对是极少数；其次，他们还有一种理念，就是宁可损失书，也不能损失读者对图书馆的信任和好感。他们做到了，至少，他们彻底留住了我这位读者的心，而这位读者将会一直特别愿意为他们做宣传、为他们做义工。

● 我也来做一回义工

VPL 去得多了，与它的感情变得越来越深，与一些图书馆员也越来越相熟，特别是我们所在的快乐山社区分馆。因为与他们交流的心理障碍没有了，我也很愿意跟他们聊聊天，这不仅是一种愉悦的体验，对我而言，还有一个另外的想法，就是锻炼自己的英语口语能力。在聊天中，很自然会聊到我的兴趣爱好，有一次，在跟一位叫安东尼的馆员聊天时，聊到了中国书法和中国画，他带着夸张的神情告诉我，他感觉中国的毛笔很神奇，那种软软的毛刷居然能画出如此生动有趣又带有强烈现代艺术风格的作品来。在他的眼里，我们的书法和大写意画都是极富现代性的前卫艺术。我笑笑说，其实没你说的那么神奇，只要有些练习，谁都可以掌握这种技巧的。安东尼用惊讶的表情说，真的吗？那你愿意来给读者上上课，教教我们吗？可以啊，完全可以。我很爽快地回答，因为我忽然受到了他的问话的强烈启发。是啊，我为什么不可以来给图书馆的读者们做做公益培训呢？这样，一方面可以借此宣传中国文化，另一方面也可以扩大自己的社会接触面，提高英语水平，更何况，这也算是我对 VPL 为我提供那么多服务后的一个小小的回报。

于是，我跟安东尼聊起了具体的细节安排，时间、地点、材料准备等等。我跟他说，我这边有几支毛笔，也有一些宣纸，但要让所有来听课的读者都能有很好的体验和练习，最好再买一些毛笔和纸。他很爽快地说，这个没有问题，但我们对这些东西也不懂，能否请你代为采购？只需把付款凭证带回来报销就可以了。然后，他又一本正经地对我说，不过有一件事我要先跟你说清楚，你来给我们读者上课是没有任何报酬的，只能作为志愿者，你能接受吗？我也很爽快地笑着说，这个完全没有问题。因为我从一开始就没想到过要报酬。现在想想也很神奇，为什么我在当时会一点也没想到报酬这码事呢？是不是那个公共服务的氛围也让我自然而然地变得高尚了？

跟安东尼约定后，我专程去了趟唐人街，买回来不同规格的毛笔50 支、两大刀宣纸、5 瓶墨汁和两盒水彩颜料，虽然都不是什么高档货，但作为给初学者练习用的材料是完全没有问题的。三周以后的一个周末下午，我的中国书画课在图书馆边上的社区服务中心的一个教室里开讲了。在此之前，我在社区图书馆和社区服务中心的活动预告里都看到了我这个讲课的宣传介绍。显然，这是个临时起意的小型活动，没能列入大型活动的宣传手册里，但我已经很高兴了。

课堂上来了 20 多位读者，大部分是中年妇女，还有一些十几岁的少年，其中只有两三个看上去像中国人的东亚人面孔。让我没想到的是，安东尼那天正好休息，他以读者的身份坐在下面听课。显然，中华文化圈背景的人不会觉得中国书画有什么神奇之处，反而是文化背景差异较大的读者对这样的活动更感兴趣。我带去了两本从图书馆借来的书，一本是颜真卿的正楷字帖，一本是中国花鸟画集。我先给读者们讲了讲中国文字的起源，再讲讲书画同源的道理，再讲为什么中国传统书画在西方人眼里会觉得很前卫，最后，再教大家如何使用毛笔。讲完之后，给每人发一大一小两支毛笔，然后我示范了几个正楷字，让大家练习来写。在他们看来，每个汉字都是一幅画，对他们来说，写书法就是在画画，虽然都写得歪歪扭扭，但显然他们都体验到了其中的奇妙感觉。接着，我再给大家示范了一幅大写意的荷花，这种画法更让人有酣畅淋漓之感，也更具现代艺术的抽象性，他们玩起来也更开心。

一堂课，又是讲，又是示范，又是体验练习，还有交流和评论，不知不觉就过去了两个小时。读者们玩得很开心，我也上得很开心，甚至完全忘记了语言障碍，似乎在整个上课过程中我都没有碰到语言无法表达的问题，真是太神奇了。

大家都希望以后还要继续举办这种活动，我也表示，我很愿意以后还有机会来给大家上课。遗憾的是，我估计最近我是没有机会再给快乐山社区图书馆的读者们上课了，因为我不久就要回国了。但愿以后还会有机会来补上这个遗憾。

社区图书馆里总是充满了温馨

大半年的时间里，从陌生到熟悉，再到相知并愿意为它付出，这是我与VPL之间的一段缘分，就像一个恋爱的过程，所不同的是，这个对象给予我的不仅是一段感情和美好的回忆，它还让我对公共服务，特别是对以读书为中心而展开的一系列服务有了一种全新的体验和认识。很希望以后在国内的图书馆里也能体验到这样的服务，如此，读书便真是一件世上最美好的事了。

2004 年 3 月于加拿大温哥华

心得：
上海图书馆VS杭州图书馆

作为一名在图书馆工作还不满一年的新兵，有幸赴上海图书馆开始为期 3 天的学习之旅，这是我第一次有机会较为深入地了解杭州图书馆以外的另一家图书馆，而且还是全国一流的图书馆，这也是我第一次以图书馆人的视角来认知国内一流图书馆的工作。在此之前，我跟图书馆有较为密切交集的，2003—2004 年期间，我从一个读者视角来感受VPL 的高品质服务。虽然视角不同，但 VPL 已自然而然地在我心中树立了一个标杆，所以，我会不自觉地在杭州图书馆、上海图书馆和温哥华公共图书馆之间比较。应该说收获颇丰，也有一些感触和思考，现简要归纳如下：

心得一：杭州图书馆不必妄自菲薄

在这次学习之旅之前，早已经听过很多关于上海图书馆的传说，毫无疑问这是一家很牛而且的确有资本可以牛的图书馆，甚至在很多方面要牛过国家图书馆。作为级别较低的杭州图书馆，我是充分做好了谦卑学习的心理准备的，但实际情况似乎并非完全如此。

首先，上海图书馆人并没有在我们面前表现出很牛的一面，反而向我们展示了热情、平和、谦虚的一面，从最初的学习安排，到接待、介绍等细节都给我留下了这样的印象，这对深谙上海人特点的我来说的确有些意料之外。

第二，从本人与上海图书馆相关部门员工的深入交流以及对许多工作的了解和实际接触来看，我终于明白了上图人不牛反谦的原因。原来，他们之前已对杭州图书馆有过很多考察、了解和实际感受，甚至把杭图的很多做法应用到他们的工作中去，所以，杭州图书馆也有足以令上图人尊敬和谦虚之处。

第三，在实际的考察和体验中，我清晰地意识到，尽管杭州图书馆在规模体量、学术积累和馆藏等诸多方面没法与上海图书馆相提并论，但在跟大多数普通读者的体验直接相关的对外服务要素中，例如场馆及硬件条件、服务理念、服务内容、服务质量及馆员工作量等许多方面，我们已经走在了上海图书馆的前面，在管理方面则各有千秋。特别是在一些特色服务方面，我们更有自傲的资本。比如，我在与他们聊起"文澜沙龙"引入读者自主策划、管理及开展丰富多彩的活动时，我们的操作思路和方法居然令他们惊讶地感叹，图书馆的服务还可以这样做的呀！

以我个人的判断，对大多数普通读者的体验感而言，杭州图书馆的实践更接近我一直赞美的 VPL，因此，面对上海图书馆这样的一流图书馆，杭州图书馆可以有一定的自信，不必妄自菲薄，虽然从整体上我们与他们还有不小的差距，但可以不必仰视。

心得二：杭州图书馆需要厚积薄发

比较之下，杭州图书馆的弱势也是明显的，主要表现在人才积累、馆藏积累、学术积累和高端服务上。

杭州图书馆已然形成了一些优势和特色

　　人才方面，由于杭州图书馆是在 2008 年借由新馆的建设发展才大量扩充馆员队伍的。虽然，员工都比较年轻，有朝气、有干劲但缺乏经验和能力，因此，在一些基础的工作内容和对外服务方面，通过强化管理和激励，可以在短时间内有较大的进步，但在高端服务和学术能力等方面，则需要人才的长期培养和积累才能有明显进步。因此，人才成了杭州图书馆持续健康发展的最大瓶颈。引进人才是一个途径，但更要把功课做在以多种方式培养和历练年轻员工上，使他们尽快成长起来。

　　馆藏方面，我相信这是杭州图书馆在相当长时期内无法与上海图书馆相提并论的最主要原因之一，这是历史和客观原因造就的，我们无法改变这个现实，在很大程度上，这也的确会制约学术和高端服务的发展。但时代也给了杭州图书馆新的办法和途径，我们应该正视这个劣势，充分利用现代信息技术和开展国际、国内馆际合作，实现资源共享，来弥补不足。同时，要有发展的眼光，努力创造条件，利用多种渠道补充、丰富历史馆藏，更要着眼于当下，以高度的责任心和职业敏感，征集、收藏当下时代的各类文献，特别是特色地方文献和专题文献，为杭州图书馆的未来积累更多的资本。

厚积薄发是要以时间为成本的，因此，杭州图书馆一方面要力戒浮躁，沉下心来做好积累的工作，另一方面，又要有只争朝夕的精神，不放松每一天的努力和积累。

心得三：杭州图书馆可以创新突围

这次的学习使我意识到，作为一个市级图书馆的杭州图书馆客观上无法与国家图书馆、上海图书馆等进行全面、直接的比较，但这并不意味着就不能成为国内一流甚至国际一流的图书馆。重要的是，我们如何扬长避短，做出自己的特色，做出独一无二的图书馆来。要做到这一点，唯一的出路就是创新，通过创新来实现突破，实现杭州图书馆冲击国际一流的目标。

我以为，最重要的创新首先是理念的创新，然后是方法的创新。理念方面，杭州图书馆并不缺乏最新的服务理念和办馆理念，从践行"免费、平等、无障碍"到"中心馆－总分馆制＋主题分馆"的体系建设，都充分体现了杭图的服务理念和办馆理念。然而，我认为这还不够，当很多图书馆还在犹豫如何取舍图书馆的新内容与传统服务时，杭州图书馆还需要在另一个层面做到极致，就是对传统服务项目进行拓展创新。我相信，在现代信息技术突飞猛进的同时，传统意义上的物理图书馆在可期的将来不但不会消亡，而且还会更上层楼，因为只有具有物理空间的图书馆才能提供更高层次的精神服务，这才是一家图书馆要达到国际一流水准应该追求的目标。

方法的创新，从大的方面看是指如何充分利用社会各界的力量来共同推动图书馆事业的发展，这种推动力量不仅限于经济上的支持，更多的应该是精神上和道义上的支持。这一点，杭州图书馆已经做了一些有益的尝试，发展空间应该很大。本人则更关注于一些具体工作方法上的创新，特别是如何充分调动我们的服务对象与我们一起去服务于更多的读者和社会各个阶层。从本人的工作体会中感知，这一方面同样具有极大的发展空间。

心得四：杭州图书馆应该有自己的品格

通过在上图的体验，我脑子里忽然冒出一个念头：一家好的图书馆应该有自己的气质。这种气质应该由两个方面组成，一方面是给读者送上独特而美好的服务享受。所谓独特而美好的服务，就是说它不仅是笑脸相迎，也不仅是到位的服务那么简单，它应该能传递出这家图书馆的气质，让读者感觉到它的好，而且是与别的图书馆不一样的好。我觉得上海图书馆已经有了一种气质，VPL 也有它的气质，但杭州图书馆还没有。

另一方面，一个好的图书馆还应该给自己的馆员也带去享受。要让馆员们普遍感受到图书馆是自己的另一个家，工作的过程也是一种享受的过程。当做到了这一点，我相信杭州图书馆的工作质量和创新精神也必将再上一个新台阶，它的独特气质也就容易呈现出来了。

这本质上是一个单位文化的建设问题。杭州图书馆新人多、年轻人多，单位文化并没有成熟，甚至还没有形成。这是坏事，也是好事。平心而论，因为没有形成好的单位文化，很多馆员还没有形成归属感，普遍感觉工作压力大，状态也较为被动，心情并不够舒畅。但正因为杭图的单位文化还没有定型，可塑性也很强，所以，这也给了我们塑造单位文化的广阔空间。

我以为，单位文化的建设不能靠流于表面的一些活动，而应与制度和管理密切结合。目前杭州图书馆的制度和管理模式还过于生硬和机械，不利于调动员工的主观能动性，也不利于营造健康和谐的工作氛围。杭州图书馆应该把规范化管理、强有力的激励机制和鼓励创新的宽松环境相结合，弱化机械的数量型工作指标，强化和鼓励创新性、高质量的工作，逐步形成良性、积极的竞争氛围。

当健康积极的单位文化形成时，我相信，杭州图书馆的员工年轻的劣势将会转化为优势，对于如何更好地应对日新月异的时代变革，他们将更为得心应手。

上海图书馆就像它馆舍前的雕塑，深刻、稳重，也不乏亲和力，这是它的品格

2010 年 10 月 19 日于杭州图书馆

丹麦
十日谈

现在是丹麦时间 2011 年 6 月 17 日凌晨 5 点许。因为时差、劳累或别的什么原因，我已经毫无睡意，尽管感觉疲困，满脑子却都是这两天来丹麦这个传说中的童话王国塞给我的各种印象。这些东西在我大脑中相互纠结，形成了生动而奇特的景观。我知道，未来的 8 天一定还会有更多不可思议的东西进入我的大脑，为了避免因太多无序的信息打乱我的思维，或因有太多想说的话相互打架而导致无话可说，我决定，趁这些印象还足够新鲜和真实的情况下，我要把它们稍稍梳理一番，用尽量不太啰唆的语言记录下来。

姑且名之曰"丹麦十日谈"吧。

第一日（6 月 15 日）

主要内容：到达哥本哈根、参观 GLYPTOTEK 艺术博物馆和自由逛街

丹麦之行的正式任务是我以褚树青馆长翻译的身份参加由丹麦奥尔胡斯图书馆主办的 NEXT LIBRARY 2011 国际会议。

会议的名称就带有几分神奇色彩，我个人曾有所疑惑，褚馆长也曾问过我会议名称的意思，经过多方打探和我之后不断获得的信息，最后我得出结论，这是个带有后现代色彩的只可意会而很难言表的名称，大致上表达了会议组织者对图书馆未来发展的多重探求的主旨。同时，我似乎隐约感觉到这个名称所透出的一股北欧特有的创新和设计理念。

按照一个月前就拿到的行程计划，丹麦之行的起始点是 2011 年 6 月 14 日晚上 11 点 20 分的上海浦东机场。杭州的老天以一场出奇的大雨送我们上路，经过 14 个小时左右的折腾，褚馆长、我和美国青树教育基金会的张昱一行三人，于丹麦时间 6 月 15 日早上 8 点 40 分左右顺利到达哥本哈根国际机场，中途在荷兰阿姆斯特丹国际机场转机。

中途候机的 2 个小时里，我们不约而同地聊起了褚馆长将要做的主旨演讲《公共图书馆：民众的"第三文化空间"》。讨论的焦点自然是"第三文化空间"。这似乎是个不断有新东西可以充实的概念，之前因为准备演讲提纲，曾多次与褚馆长和同事屠淑敏交流，大致理清了这个概念的含义。这会儿的讨论，本意或许更多的是为了打发无聊的时间，当然我是希望能让张昱更清晰地了解主旨演讲的内容，因为主旨演讲的正式翻译将由她来担任。但在交流过程中，我们三个似乎又碰撞出一些智慧的火花，大家也因此一扫疲倦姿态，变得神采奕奕，侃侃而谈。张昱，这位我刚刚认识不久，看似稍显稚嫩的同行女士，在我心目中也有了更立体的形象。

聊完再随便逛逛，我们发现在阿姆斯特丹机场的候机区居然还有一个电子阅览区，一片设计简洁明快，但又不失惬意的活动区域，这里有电脑和阅览桌，不少旅客正在安逸地浏览。这是一个与图书馆业务相关的区域，所以我们特别敏感。对一般游客来说，他们也许只是觉得这个地方不错，可以舒适地打发时间或者可以处些事务，但我们马上就意识到，把图书馆的业务延伸到这样的公共空间真是不错哦，今后也许会成为一种潮流趋势吧。

荷兰阿姆斯特丹机场不但有阅览区，而且还让人感觉特别惬意

与阿姆斯特丹国际机场的宏大和有序相比，我认为，哥本哈根的国际机场更像是一个高级而文明的菜市场。它给我的主要印象就是稍显局促的空间和繁忙而举止闲适的人群。

我们与会议的接机人，乐天（Lotte），一位干练而和蔼的中年女性；亚可布（Jacob），一位富有朝气的胖小伙顺利会合。首先映入我眼帘的是他们肩上背着的一个极富设计感的，印有会议名称的电脑挎包。它自然成了我们的接头标识牌，也让我强烈感受到了现代设计在北欧人生活中所占据的重要位置。

后来我们得知，乐天女士居然是这个会议的操盘团队的负责人，她亲自赶到哥本哈根来接我们，我们感到受宠若惊。亚可布则负责这次会议的网络工作，来接我们应该是他的编外工作吧。据说，他还是一位音乐高手，与朋友合作拥有一个乐队。

我们三人、两位接机人和一位来自肯尼亚国家图书馆的黑人朋友一起站在拥挤的机场大厅等了有好一会儿，为的是迎接另一位来自布基纳法索的与会代表。半个多小时后，终于等到了这位姗姗来迟的黑人朋友。他迟到的原因令我们吃惊：他的托运行李被搁置在了巴黎机场。我不清楚造成这个错误的具体原因是什么，但它自然令我想起了近二十年前我第一次出国前往印度的经历。那一次，因为本人的无知，托运行李被扔在孟买国际机场达半个月之久。

从后来的闲聊中得知，这位叫巴瓦亚（Bawaya）的浑身闪着黝黑光泽的布基纳法索人竟然来自一个仅有 1500 册藏书的乡村图书馆。他所在的那个图书馆还没有一台电脑，甚至每天都会停电若干小时。这令我肃然起敬，也为丹麦人能热情迎接这样一位同行而叫好。我的另一个感受是，这位操着比我还蹩脚的英语的"乡巴佬"，比我 20 年前印度之行时的神态要淡定得多，也大气得多。

走出机场，我们开始领教什么是丹麦人的低碳和环保理念了。乐天和亚可布居然并没有开着汽车来接我们这一大帮人，甚至也没有叫出租，而是领着我们一大群拖着大包小包的外国人曲里拐弯地搭上了一趟火车，十来分钟后，又拖着行李浩浩荡荡地走出哥本哈根的中心火车站，穿街走巷绕了一阵子，总算到了我们下榻的酒店，一家叫 CABINN 的连锁旅店。

因为时间尚早，我们预订的房间还没退房，所以无法入住。两位接机人商议后，由乐天留在酒店为我们看护行李，亚可布带我们出去逛逛。这时候，我们才有工夫放松地打量一下这座闻名于世的城市。

空气很清新，明媚的阳光，蓝天白云，静谧的街道。我们沿街走了一段路，映入眼帘的都是些厚重而稍显陈旧的欧式大建筑，没有惊艳也没有失望，与心中的想象也相去不远。不过，紧接着就让我们惊喜不断了。

先是看到了一大排被许多青铜雕塑点缀着的、充满了经典欧式情调的大房子，正在猜想这会是什么功能的建筑，前方过来一辆被四匹高头大马拉着的马车，我们赶紧拿起相机乱拍一通。原来，这是一家特别有名的啤酒公司在做流动广告。我是应该知道这个啤酒品牌的，可惜我不会喝酒，脑子里自然没有贮存多少与此相关的信息，所以说不上名来。这不要紧，重要的是，据亚可布介绍，这座充满情调的大房子正是这个啤酒品牌的创始人折腾出来的一家私人艺术博物馆。这正是亚可布要领我们去"吃"的第一道丹麦精神大餐。

惊艳感始终在我们的内心充盈着。我没有能力准确而细致地描述这家名字拗口的 GLYPTOTEK 博物馆带给我的感受，还是"惊艳"二字是我认为最确切的表达，这种惊艳感来自映入你眼帘的每一个细节。

建筑本身是惊艳的第一要素，当然，建筑与内部布局的巧妙设计相互融合是带给我们惊艳感的根源。你或许很难想象，在这样一个高纬度的城市里，这座建筑的中心居然有一个大花园，郁郁葱葱地长满了各式各样的热带植物，有两棵粗大的棕榈树直插蓝天，（让人）恍若置身夏威夷的丛林之中。而花园的各个方向，分别布局了各个时期不同文化的艺术作品。

这家博物馆似乎以收藏雕塑作品为主，每个房间里都错落地摆满了大大小小的各类雕塑。有高大的古希腊风格的汉白玉作品，散发着唯美的气息；有古罗马时期的残像，张扬着神圣的血腥；也有古埃及的庄严和肃穆；还有大量如印象派大家德加的创作小样，你仿佛正置身于艺术家的工作室中，陪伴着他一起创作。

也许是出于图书馆馆长的职业本能和需求，褚馆长心里似乎一直装着杭州图书馆老馆舍改造的纠结，所以，更专注于各类装饰细节。展厅的色调、地面大理石的配置、展台的样式、橱柜的结构以及椅子的风格等等，无一不是他感兴趣的。我按照他的要求，不停地用相机记录着这些细节。

受他的关注影响和眼光本能，我也跟着他不断评判着目力所达到的每一个角落。最令我印象深刻的是每个展厅的墙面色彩。难以想象，在这样一座经典的欧式建筑里，在这些陈列着各类古典雕塑的展厅里，墙面居然全是彩色的，而且这些彩色除了洋溢着愉悦，丝毫没有令人不安的"火"气。更令人叫绝的是，每个房间的色彩都是不同的，通过这样的方式，每个房间的陈列主题自然得到了区分。

我仔细研究了达成这种色彩效果的原因，豁然明白，原来，在每个彩色主墙面的上下部分，必有黑白两色"压"着，而且那彩色也不是纯色，是带有一定灰度的典雅、高贵的彩色。不得不叹服设计师的大胆和对经典的深刻理解。通过这样的方式，不但使这座古建筑没有丝毫的压抑感，而且处处洋溢着古典与现代的完美融合所带给人的愉悦感。我和褚馆长不约而同地谈到，要是我们的老馆舍也以这样的色彩方式来处理，是不是会很妙呢？不过，我们也不约而同地担心，国内的设计和施工水平能否把握如此微妙的色彩变化呢？

一顿精神大餐之后，我们的肚子却都在咕咕乱叫，人也感觉有些疲乏。亚可布领着我们回到CABINN旅店，一切手续都已经办妥，我们欣喜地拿到了房卡。各自入住前，亚可布关照，半小时后大家在大堂集合，但他也没说下一步的行动计划。

关于这家旅店，我曾事先做过功课，知道它是一家在当地很有名的经济型连锁旅店，有点类似于国内的如家、158酒店等，以所谓的船舱式布局为特色。然而，当我们走进房间，还是令我有些震惊。这个"船仓"居然只有六七平方米大小，但设施一应俱全，还有一个一平方米左右的卫生间，房间里架着一个高低铺，低铺床下还塞着一张床垫，理论上说，这个房间能睡三个人，但床的宽度却只有 80 厘米。

因为刚刚经历了十四五个小时的旅途折腾，虽然我们都在疑惑那些高头大马的北欧人怎么能塞得进这么小的床，虽然我在担心会不会从上铺那狭窄的床上掉下来，但还是毫不犹豫地爬上去躺下了。因为，我们得抓紧时间打个盹，半小时后还有活动呢。

这时候才明白，床的宽窄实在无所谓，能躺下睡觉是一件多么幸福的事。我想，我们在一分钟内都睡着了。幸好我惊醒，十五分钟后我们起床、出门，同行的人都已经等在大堂了。

这时，已经是下午两点多了，乐天和亚可布又领着我们穿街走巷，不知道他们要领我们去干什么，我们最期待的是一顿丰盛的午餐，但又不好意思问。好在沿途的一切对我们来说都是新奇的，所以，我们还没有痛苦到难以忍受的程度。

终于，我们的眼前出现了一片宏伟的建筑群，乐天告诉我们说，这是议会大厦和市政厅。我随口问了一句，我们能进去参观吗？她却答非所问，但令我们惊喜。她说，我认为我们应该先解决了午餐再说。呵呵，正合我的意思。

午餐就在一条静谧小街的路边大阳伞下进行。我理解，这就相当于国内的路边小店，但它干净、典雅，绝不是国内的大排档可以相提并论的。蓝天白云，阳光白伞，静谧的街道，闲适的人群，我们就置身其中，恍然间，感觉自己就在画中。

美女侍者送上点菜单，我们几乎都不明其意，只知道每样都挺贵，平均每份主菜都在 130 丹麦克朗以上（丹麦克朗：人民币 = 1.2：1）。我们议论了一番，装模作样地各自点了一份，其实对拿上来的东西将会是什么毫无概念。

　　趁着等上菜的空当，我们与两位东道主和两位黑人朋友闲聊起来。我想这就算是国际交流了吧。从聊天中得知，中国人在非洲的地位很高，中国经济对非洲影响巨大，中国餐在非洲遍地都是，中国商人给非洲人民带去了价廉物美的商品和就业机会。所以，两位非洲朋友对我们都很友好，尽管一位来自东非，一位来自西非，两者相去甚远。

　　上菜的速度比我想象的要快。平心而论，上来的菜也比我想象的要好得多。我这盘子里有虾仁、三文鱼和肉等，还有叫不上名的生菜，一起被叫不上名的酱裹着。虽然看着量不多，我居然勉强才撑下去。我知道，这其实是那种叫不上名的酱里的黄油在起作用，咱中国人民的胃并不适应它。

　　肚子饱了，腿脚也休息了。两位东道主估计也累了。要知道，他们是一大早坐 5 点多的火车从奥尔胡斯赶到哥本哈根来接我们的。所以，他们给我们放了风，让我们自由活动，约好晚七点在旅店大堂集合，一起去吃晚餐。

　　褚馆长和我、张昱一合计，还是决定无目的地逛逛，因为后面的行程安排得很紧，估计不太会有时间自由活动。我们用了三个小时的时间，浮光掠影地逛了运河沿岸，逛了更具传统特色的背街小巷，逛了哥本哈根常见的庭院，逛了最热闹的商业区，逛了具有经典欧式气派的大建筑，甚至还逛了百货商店。一路上，我们感叹最多的还是人高马大的帅哥美女，还有不时从我们身边穿梭而过的各式各样的漂亮自行车。

　　直到 6 点多，我们才拖着疲惫的双腿往旅店赶。实践证明，我们的决定是明智的，虽然是浮光掠影，虽然只有短短的三个来小时，虽然我们没有参观任何特定的景点，但我们却深入到了许多一般旅游团不可能光顾的地方，也算大致了解了哥本哈根市区最主要的特征和一些风土人情。

回到房间稍事整理，没有更多的时间睡觉，我们又得出门了。这回是去吃乐天为我们安排的晚餐。等我们来到大堂，其他人都已经到了，我感觉稍稍有些不好意思，总是让人家等，好在我们并没有迟到很多。

依然没有车子接我们。这回，亚可布叫了两辆出租车，让我们三人同乘一辆先走。司机是已经知道了餐馆地址的，所以开了不多一会，按国内的概念也就起步价的距离吧，就到了。令人咋舌的是，这一点距离居然要100多丹麦克朗，怪不得主办方要领着我们穿街走巷了。更令我们中国人不可思议的是，这出租车钱是由我们自己支付的。

话要说回来，我们就餐地点在当地一定是个有名的地方。这里显然是餐饮一条街。整条古朴的大街摆满了露天餐桌，街的另一侧是一条通往大海的运河，河边泊满了各式各样的船只。据乐天介绍，这条街以前是海员们靠港后集中吃喝之所在，现在，已经变成了当地的一条特色街，那些停泊着的船只已失去航行的功能，只是为了营造出一种海边港口的氛围。

点餐照例让我们一头雾水，我只知道这家餐馆的价格比午餐时又贵了一个档次，普通的一份主菜都要在200丹麦克朗左右，一份餐后甜点也要60~70丹麦克朗。我点的那一份菜里有些什么我已经不记得了，无疑乏善可陈，我只记得它比午餐那份量少，而且还不好吃。神奇的是，吃下去那一点点量居然并没有令我在第二天早晨有丝毫的饥饿感，我总算领教了高热量食物的厉害了。

吃罢晚餐，走出餐馆已经快晚上10点了，但天还没有暗下来。乐天说她还要坐晚上的火车回到奥尔胡斯，因为那边还有工作在等着她。我们对她的敬业精神感到由衷的敬佩，并催促她赶紧去火车站。她却执意要带我们再去逛一逛建在海边的大剧院和歌剧院。

我们一行跟着她沿着泊满船只的运河走了一会，便到了运河的喇叭形入海口。具有现代气派的大剧院和歌剧院分别建在喇叭口的两侧，遥相呼应。我们逗留的大剧院前还有一大片用木板铺成的临海水榭。乐天介绍说，夏季有些戏剧就在露天的水榭表演，海、天、人和戏浑然一体。站在水榭上，呼吸着清新的空气，远望海天一色，仿佛自己可以像只海鸥一般盘旋其间，俯瞰美景，何等美妙啊。

乐天似乎觉得这才完成了她这一天的使命，拦了一辆出租车匆匆赶往火车站。两天后我们再在奥尔胡斯见面时，我问她回程可曾顺利，她说她错过了火车，不得不等下一班，等她回到奥尔胡斯已经是凌晨4点了。对此，我们尤其感觉过意不去。

这一天，忙了、累了、看了、玩了、吃了，也感悟了很多，就像个万花筒，令我们应接不暇，也令我们兴奋不已，该休息了。忽然意识到，我们还没有去最该去的地方——美人鱼雕像。在中国人心目中，这是丹麦的象征，这儿没去，等于没到过丹麦。我们相约，明晚一定抽时间去看看这位小美人。

太累了，倒头便睡。

第二日（6月16日）

主要内容：拜访丹麦图书馆与媒体局、考察丹麦皇家图书馆、考察 ELSINORE 镇图书馆、考察 RENTEMESTERVEJ 社区图书馆和在 TIVOLI 公园餐厅用晚餐

CABINN 的早餐虽然不能说丰盛，但与国内大多数宾馆也挺像，除了没有稀饭和咸菜，大多数东西我们都能习惯，所以，在我们的感觉中，这顿早餐吃得比昨天的两顿正餐都舒坦。

根据行程安排，上午将拜访 Danish Agency for Libraries & Media，权且把它译作丹麦图书馆与媒体局吧。事实上，这是一家隶属于丹麦文化部，专门负责管理全国图书馆及相关单位的机构，但显然他们的工作更多的是协调与服务。

亚可布领着我们一行，从旅店出发步行一刻钟左右到达一幢庄重厚实的建筑前，建筑的大门不大，墙上钉着这家机构的铭牌。我至今也没搞明白，这幢楼是专属这个机构的，还是这个机构只是这幢楼的一部分。如果是专属的，从大楼的规模看，这应该是一个很庞大的机构；如果只是大楼的一部分，我却又没有看到别的铭牌。

我们走进大楼时，该机构的一号长官索豪格（Thorhauge）先生和另两位女性同人安娜（Ann）和琼娜（Jonna）已经恭候在大厅。接待如此隆重很是令我们感动。亚可布因为还要去机场接另一位来自乌兹别克的代表，暂时与我们告别，匆匆赶往机场。

主人把我们引入一间陈设极普通的会议室邀我们就座。令我们诧异的是，会议桌上放满了咖啡、面包和点心等。主人热情地请我们吃喝，他们自己也开始吃喝起来。后来我理解了，因为这时候是早上九点多，在他们看来，这时间也许是太早了，通常还没有吃早餐，所以他们邀请我们吃，他们自己也得吃。这说明两点：1. 他们对我们非常热情友好；2. 他们早上上班的时间够迟的。

索豪格先生给我们简单介绍了一下丹麦图书馆的管理体制及正在做的一些工作，安娜和琼娜女士又补充了一些，我们也问了一些我们关心的问题。正聊得有些兴致时，安娜告诉我们说，按照行程安排，还有五分钟我们得出发去考察丹麦皇家图书馆了。过了五分钟，果然她又提醒时间到了，该出发了。他们的时间观念真够强的。当我们走出会议室，我才发现，会议室外已经有另一拨人等着进会议室了。

在安娜的带领下，我们一行又徒步走了差不多有半个小时。幸好天气怡人，风景如画，我们丝毫没有痛苦的感觉，反而是一种独特的享受。为了让我们见识更多的丹麦文化，安娜有意带我们走小巷，穿宫殿，把一段本该无趣乏味的行走变成了别样的旅游。

关于丹麦皇家图书馆，在出发以前我就做过功课，知道它的新馆建筑特别有名，因它的外墙以黑色花岗岩为装饰，被冠以"黑色钻石"的美名，所以特别期待。

也许是对它的期望太高了，直到近前，我也没有任何惊艳感，更确切地说，对它的认识，是属于渐入佳境式的。

与进入图书馆与媒体局大楼时相似，当我们刚走进皇家图书馆的大门，就有一位大胡子的老绅士等候在那儿了。这时我忽然明白，这也许是丹麦人的礼节吧。后来从老绅士给的名片得知，他叫彼得森（Pedersen），是皇家图书馆东方文献部的主任。彼得森先生告诉我们，皇家图书馆同时也是哥本哈根大学的图书馆，所以它兼具了公共馆与大学馆的双重功能，这种模式对我们来说还是比较新鲜的，也充分反映出他们的务实理念。他领着我们一路参观这家图书馆的方方面面，无论是空间布局、整体视觉效果、细节设计，还是该馆的各种服务功能，时不时会令我们欣喜和钦佩不已。褚馆长照例对一些布局或设施的细节特别感兴趣，不时要我拍下效果，或要研究一番内部结构。给我的整体感受是，这家图书馆果然如彼得森先生所言，既有大学图书馆的严谨和学术氛围，又不乏公共图书馆的开放性和人性化服务。令人叹服的是，它把这两种完全不同的特质巧妙地融为一体，丝毫不露痕迹，正如它把新馆和老馆两个完全不同时代的建筑巧妙地合二为一，变成了一个有机的整体。

然而，这家图书馆中最令我叹服的并不是这些，而是它的特藏书库。当彼得森先生领着我们穿过狭窄而稍显幽暗的通道，进入老馆高达五层的特藏书库时，首先给人的感觉是神秘。老先生手指着一些紧闭门窗的小房间说，那是秘密藏书室，专门收藏一些秘密档案或捐赠人指定在某一时间才能启封的文献资料。这不禁令我想起了某些神秘电影中的场景。

作为一名在本单位也承担着特藏书库管理职能的图书馆员，我更关心的是排列在层层叠叠的书架上的图书和图书的状态。一圈转下来，我不得不由衷地敬佩这家图书馆持久、严谨、有序的工作作风。这不仅表现在海量而多元的藏书，更表现在这些藏书整齐规范的排列和完好的保存状态。以所藏的中文书为例，他们不但单独辟出一层的空间专门收藏中文图书，而且，其主要收藏的20世纪七八十年代的图书中，有很多都是我们也不曾收藏的。更令人吃惊的是，这些已经经历了三四十年的、印刷和装订质量都并不理想的图书居然看上去还像新的一样。更有甚者，对于一些他们认为特别珍贵的图书，还都专门量身定做了书盒存放。看过他们的书库，我想我绝对不敢让人参观我们的书库了。

午餐就安排在皇家图书馆内，这也是挺令我感觉新鲜的。在一个如此高规格的提供精神食粮的殿堂内，并不妨碍还设了一家挺有档次的餐馆。为了节省时间，主人没让我们自己点餐，而是为每一位提供了相同的菜品，这令我们感觉轻松不少。大同小异，主菜由肉、鱼和一些蔬菜，外加一堆调味酱组成。菜并不能说不好吃，但绝对不能令我满足，凭我已经在丹麦吃过的这几餐的经验，相信这一餐每份又得在200丹麦克朗以上。

为了赶时间，我们一行匆匆与彼得森先生感谢告别，在安娜女士的带领下，急急地赶往火车站。我们的下一个目的地是一个叫ELSINORE的小镇的图书馆。

以急行军的速度，我们赶到一个并不熟悉的小火车站，还好，火车还没有到，据说是要晚点几分钟。于是我们站在站台上闲聊。不一会儿，另一条轨道上来了一辆火车，我们都没在意，只管聊自己的。直到那辆火车启动时，那位来自肯尼亚的黑人朋友忽然问安娜，这辆车是不是我们应该乘坐的？安娜抬头看了一下挂在站台上方的电脑显示屏，说的确就是我们应该上的那辆，因为晚点，所以它换了进站的轨道。可是，为时已晚，我们错过了。

这时，原先那条轨道也来了一辆车。安娜的应变能力似乎挺强，她领我们先跳上那趟车，打算中途再换乘。我们因为有她带领着，就像一群听话的幼儿园小朋友，既不着急也不动脑子，她让我们怎么做，我们就怎么做。话要说回来，就算我们想动脑子，难度也挺大，因为显示屏上的文字一概都是丹麦语，我们这些自以为英语能走遍天下的人其实也就是个睁眼瞎。

不一会儿，安娜领我们在郊外一个更小的火车站下了车，只等了一小会，又让我们跳上另一辆刚刚到达的火车。看来，这就是她的应变，没费太大的周折，我们还是能顺利地到达目的地。由此也可以看出，火车出行也许是丹麦人最便捷的方式了。

果然，又闲聊了一会，火车便把我们带到了 ELSINORE 镇。走出古朴的火车站，映入我们眼帘的是宽阔的大海和停泊在海边的大轮船，还有远处一片古堡似的建筑。无疑，这是一个有着悠久历史的海滨小镇。

继续步行。也许安娜想把刚才错过的时间追回来，所以她继续以行军的速度领着我们向前走，比较散漫的我们总是落在最后，很有些不好意思。十来分钟后，安娜把我们带到了一幢极具现代设计风格的大建筑前，这就是 ELSINORE 镇图书馆。

走进图书馆，我的眼前便觉得一亮。大厅正中摆放着一台真正的拖拉机，但它已经被缤纷的颜色涂绘得充满了童话色彩，边上摆放着一溜供人休息的银色桌椅，线条极其简练而流畅。显然，这个大厅把现代工业的大气硬朗和传统童话世界的优美温馨完美地融为了一体。后来得知，这家图书馆建筑是从原有的一个船坞车间改造而来的，而且它所在的区域原来也是一片工业区，正在不断地改变成文化区。设计者不希望人们忘记这个小镇曾经的历史，便通过这种巧妙的设计，把地方的历史文化融入新的文化环境中。我不得不再一次叹服他们的文化理念和设计水准。

主人带着自豪的口吻一边谈他们的设想，谈各种设施的功能，一边带着我们一层一层地参观。这是一个小镇的图书馆，与我们上午刚刚参观过的皇家图书馆完全不同，该馆在努力营造一种与小镇普通百姓生活相适应的氛围，并试图让百姓们在舒适地享受这种氛围的同时，不要忘了他们的历史和文化。所以，一个装置，一个摆设，一幅小照片，不经意间，你总能从这家图书馆的某一个角落看到能令你联想到当地文化的东西。并不止于此，那些作为图书馆必备的设备，如书架、书橱、展台和活动的场地等等，虽然我们一看便知它们的功能，但它们在细节上的设计总是那么到位，那样独具匠心。这些东西是最触动褚馆长的神经的，所以他免不了要我用相机拍这拍那。

或许是童话故乡的缘故，或许他们特别重视孩子的教育，或许他们的成人也特别富有童心，这家图书馆虽然并不是专门的少儿活动区，但它的设计特别具有童趣，有些我看得出来是专门为孩子们设计的，更多的则大人小孩都适合，但显然风格更倾向于儿童，令人赏心悦目，心情舒畅。或许这正是他们所追求的生活理念吧，我猜。

更绝妙的是，这种儿童倾向的设计与前面提到的关于当地历史文化的提醒性设计恰到好处地融合在一起，丝毫没有突兀的感觉。我想，这才是真功夫，需要我们国内的设计师好好学习的。

我们只管沉浸在欣赏之中，安娜却非常着急，因为按行程安排，我们还要去参观另一家位于哥本哈根郊区的社区图书馆。所以她不断地催促快一点，直到没有任何的时间余地了，她不得不又以急行军的速度领着我们赶回火车站。果然，我们一上车，车子就启动了。

下火车，再转乘公共汽车，我们回到了哥本哈根近郊，我们要参观的正是这里的 RENTEMSTERVEJ 社区图书馆。

该馆建筑的外墙就很特别，是金色的金属片做成的细波纹，远看像竹篱笆编的，却充满了现代意味的金属光泽，也许只有具备童话特质的人才想得出这样的装饰方案。不仅如此，大厅周边的墙面上还画着多个与阅读相关的动漫造型。据馆方负责人介绍，这还是一位丹麦非常有名的画家的作品呢。大厅的一边就是楼梯，楼梯的上方是通透的玻璃顶，明媚的阳光毫不吝啬地洒遍了整条楼道。楼梯转角的空间部分，还凌空挂着一些用报纸等废料做的飞鸟、恐龙之类的动物，一看就是读者们的作品。这立马就把整个图书馆的基调烘托得非常轻松、明媚而富于生活气息。

沿楼梯走上二楼，是专为儿童开辟的阅览区，更确切地说是为孩子们准备的一方玩耍的天地。这儿的设计同样令人叫绝。绝就绝在里面所有的陈设都是由一只只的立方形盒子看似随意地堆起来的。盒子只有黄和绿两色，仿佛进入了一个明亮的森林。盒子有一面是空的，或朝上，或朝向一侧，里面可以码书，可以放小玩具，也可以作为孩子们的保管箱。

再上楼，形式则更为丰富多彩。很多房间并不算很大，靠墙区域都设有书架，书架的精致和色彩自不必说，空间部分往往巧妙而随意地放置着一些风格各异的桌椅等家具，显然，这些区域平时就是读者阅览或休息的场所。但同时，这些陈设又都具有极大的灵活性，只要稍稍挪动一下，或增减些什么设备，马上就可以成为另一种功能的空间。

少儿区域的立方盒子也许能给我们一些启示

　　再往上走，我们居然还看到了正在安装设备的音乐厅，还有读者正踩着缝纫机做一些我们看不懂的东西。再回到一楼，负责人又把我们带进了一间很大的咖啡吧，看样子，这儿除了可以喝咖啡，其实也是可以用餐的。而吧台的下面则做成一格一格的，每一格里都放置着报纸或杂志。

　　这一圈转下来，给了我们一个清晰的认识。除了创意设计一流以外，这家图书馆的功能已经远远超越了阅读，它完全是一个集阅览、休息、交流、创作、欣赏和吃喝于一体的场所，也许这就是所谓的"第三空间"吧。

　　带着欣喜、满足和疲惫，我们回到CABINN稍做休整。按照行程安排，晚餐将由丹麦图书馆与媒体局做东，请我们在当地很有名的TIVOLI公园餐厅吃饭。

　　因为事先做过功课，我知道TIVOLI公园是在整个北欧也比较有名的游乐园，所以我们也有几分兴奋和期待，想趁此机会见识一下到底有多好玩。

　　也许时间又偏迟了，街上空无一人，亚可布带着我们走得飞快，不一会儿，队伍就拉开了。他和两位非洲朋友及刚刚到达的乌兹别克女孩走在前面，我和张昱居中，褚馆长一个人被落在了最后。快到一个十字路口时，亚可布他们几个一转弯就消失了，正在这时，我和张昱听到身后的褚馆长在喊我们，我们回头一看，只见一个胖胖的白人手上拿着一份地图，一副茫然的样子，显然，这个人是向褚馆长问路的。

　　我和张昱折转身，希望能帮助到这个人。等我们走近前听他比画才明白，他是个意大利人，想到市中心去，不知如何走。我和张昱正在他的地图上比画着告诉他该怎么走时，忽然不知从哪里冒出两个高头大马的人，对我们一本正经地说，他们是警察，看我们在这里比比画画很可疑，要我们交出护照和钱来。我忽然有点蒙了，呆在那儿有两秒钟没反应过来。张昱因为不知在哪儿听到过类似的骗局，似乎很有底气地对他们说，你们不是警察，是骗子吧。

　　这一伙骗子尴尬地笑笑，便让我们走了，仿佛刚才只是开了个玩笑而已。事后我想想真是有意思。第一，在如此文明的地方居然也能让我们碰上骗子；第二，这伙骗子在文明的地方也真是够文明的；第三，要是真让他们骗上手，那我们就惨了，因为我当时裤兜里就塞着我和褚馆长的护照和折合人民币近 5 万元的欧元现金。

　　经这一段小插曲后，我们紧赶慢赶地来到 TIVOLI 公园门口，大家都在那儿等着我们呢。本来还想稍微逛一逛公园的，恰巧这时下起雨来，我们只好打消念头找我们预订的位置坐下。都说中国的餐馆人多、拥挤、嘈杂，看了这里的餐馆我才明白，丹麦的餐馆也是可以人多、拥挤、嘈杂的，而且有过之而无不及。我们挤挤挨挨地侧着身子走到我们预订的包厢，才发现它与我们住的 CABINN 旅店房间差不多。除了一张长条桌子，加上我们十来个人坐下，就再无空间可以腾挪了。敢情丹麦人是喜欢拥挤的，我得出了这样的结论。

这又是一顿大贵的大餐，菜单传达给我们这样的信息，但它却不能给我们提供我们认为可口的菜肴。讨论了半天，我们每人只点了一份虾仁配芦笋和一份西红柿汤。两位黑人朋友倒是老实不客气，分别点了牛排和三文鱼之类的。

用完餐，雨却一直没停，闲聊了好一会，大雨依旧。据他们当地人说，这样的雨在三小时内不会停，所以我们等待雨停了再回去是不现实的。所以，大家决定还是冒雨跑回去。这时候，我们才发现，和我们一起用餐的几位图书馆与媒体局工作人员的陪同，他们每人包里都藏着一把雨伞，显然，他们是了解当地天气特点的，而且是有准备的。

似乎没人想到可以打出租或别的什么方式，我们一行淋着雨回到了旅店。奇怪的是，我们没觉得累，似乎精气神反而回来了。遗憾的是我们没有机会逛 TIVOLI 公园了，更遗憾的是，我们没法实现去海边看望美人鱼的愿望了。因为明天一早，我们就要出发去奥尔胡斯。

洗洗睡吧。

第三日（6 月 17 日）

主要内容：到达奥尔胡斯、考察 GELLERUP 社区图书馆和考察 HARLEV 社区图书馆

按照预定的计划，我们吃早餐、退房，然后像来时一样，浩浩荡荡地每人拖着自己的行李奔向火车站。唯一的不同是，我们的队伍里多了一位乌兹别克女孩，不对，准确地说，还有她的新婚丈夫。说来挺神奇的，据女孩自己说，去年向美国盖茨基金会申请参加这次会议的资助时，她还是孑然一身，之后不久，她通过网络认识了现在的丈夫，他居然是个丹麦人，两人坠入爱河，并很快成婚。这次，他专程从另一个城市赶到哥本哈根护送新婚妻子前往奥尔胡斯。我不了解更多的细节，只是在猜想，这次会议有没有可能是他们爱情的催化剂呢？我更愿意相信是这样。祝福这对远隔万里的新人吧。

在古朴而宽敞的哥本哈根火车站短暂等待之后，我们上了火车。这应该是一趟长途火车，与我们已经乘坐过的市区和近郊的短途火车相比，设施更为齐全。也许接待方为我们买的是更高等级的车票，我发现，相比较其他车厢，我们所在的车厢座位更宽敞，而且有免费的咖啡、茶和小点心提供，还提供电源和无线上网服务。因为内急，我还有机会实地考察了火车上的洗手间，它不但干净，还格外地宽敞和舒适，还有热水，类似四星级酒店内的洗手间。与拥挤的客房和餐馆相比，有着天壤之别。我猜，丹麦人是不是把"排"看得比吃和睡更为重要呢？

车窗外景色宜人，车内舒适惬意，这趟火车之旅算是一次意外的享受了，不过，我和张昱的心思显然并没完全放松，因为我们都记挂着褚馆长将要演讲的 PPT 的修改。由于日程排得很满，我们担心没有别的时间可以来做修改的工作，所以，我们抓紧时间，分别打开各自的电脑，一边交流沟通，一边修改完善。这时候我真正意识到，现代化的交通工具真好。

两个多小时很快过去了，我们到了奥尔胡斯。它的火车站与哥本哈根的很像，古朴而宽敞。由此可以推测，丹麦人很注重火车旅行，铁路交通无疑是他们出行的重要手段，而且有着悠久的历史。

虽然已经到了主办方的地盘，但依然没有我们期望中的汽车来接站。与哥本哈根相似，小伙子亚可布领着我们浩浩荡荡地出了火车站。这次还好，我们住的旅馆离火车站很近，走了三五分钟便到了。不同的是，这次只有褚馆长和我住在这儿，其余的人还要继续走一段，住在奥尔胡斯的 CABINN。原来，这里面还有个待遇的差别。事后我明白了，因为褚馆长是作为主旨演讲的嘉宾被邀请的，所以待遇要优厚一些，我当然是沾了他的光。

我们的旅馆被叫作斯堪的克广场酒店，听名字就应该是一个有点档次的酒店，但我始终更愿意把它称作旅馆。因为它给我的一切印象就是一个有些年头的老旅馆。除了整洁、有序以外，从硬件上来看，它远远不如我们国内的三星级酒店。更令人哭笑不得的是，当我们乘过只能容纳两三个人的小电梯，穿过狭窄的走廊，走进我们的房间时，我们的眼前是两张合并在一起的单人床，其宽度与在哥本哈根的 CABINN 一样。褚馆长开玩笑说，我们不但要同房，还要同床共眠了。

稍事休息后，没有午餐，我们就坐上一辆中巴车去考察计划中的两个社区图书馆了。终于坐上专车了，真不容易啊。后来我得知，奥尔胡斯图书馆并没有他们自己的车，中巴车也是租的，而且我相信租价不菲。因为每到一地，车子从不在门外等候我们，立马就走了。等我们再要另去别地时，再重新租一辆。这只能说明两个问题：第一，车子等候的时间也是要付费的；第二，奥尔胡斯图书馆并不富有。

我们考察的第一个图书馆叫 GELLERUP 社区图书馆。事实上，它是一个与社区中心合二为一的图书馆，位于奥尔胡斯西郊的贫民区。据介绍，居住在这里的多半是来自世界各地的移民，说 52 种不同的语言，近 60% 的人拿着永久或临时的生活保障金。原来，丹麦也有贫民区。

正因为如此，这个图书馆的特点就是为当地居民提供全方位的社会生活服务，而不是简单的阅读。因此，我们在这里可以看到专门为读者提供就业信息和就业辅导的"工作角"，可以看到专门提供健康咨询和孕妇体检服务的"诊室"，也可以看到挂满了世界各国国旗的、专门为移民们融入当地文化而设的活动区域。

当然，这家图书馆的很多"非阅读"功能并不都是由馆员们来承担的。他们的经验在于，由图书馆提供场所和平台，通过与政府其他相关机构的合作来实现服务功能的延伸。这种方式特别值得我国农村地区的图书馆借鉴。

在这家图书馆里虽然没有看到特别出彩的设计，但橙黄色的书架和温馨的摆设营造出了明快、和谐和温暖的氛围，丝毫看不到贫民区的寒酸和卑微感。

换了一辆中巴车后，我们来到了同样位于奥尔胡斯西郊，却是富人区的 HARLEV 社区图书馆。它的最大特色在于社区图书馆与小学图书馆的结合，并实现了完全无人化的服务。

当然，它的无人化服务并不是始终无人服务。他们有专业馆员，也有小学教师兼任的馆员（部分时间），为学校的教师、学生和当地居民同时提供服务。不开放的时候，这家图书馆便启用无人化服务模式，读者只要凭图书证在图书馆门口刷一下，便可直接进入图书馆内，想干什么就干什么。这家图书馆至今都没有发生偷窃之类的不法事件，不过，为我们介绍的馆员也承认，这样的模式也许只能在富人区才能施行。

更令我深受启发的并不是它的无人化服务，而是它与当地小学图书馆的有机结合。因为前阵子由杭州图书馆和浙江省民进联合援建的"开明·文澜爱心图书馆"就是一所小学图书馆，我也曾设想这所小学图书馆能否与当地的乡村图书室合作，实现资源利用的最大化。对此设想的可行性我自己也心存疑虑。这家图书馆的经验给了我很大的信心。

考察完两个社区图书馆已经是下午五点多了，陪同我们的奥尔胡斯图书馆馆员苏珊娜（Susanne）让中巴车把我们送到市中心的一条步行

富人区的图书馆门面很"贫穷"

街上，给我们半小时自由逛店的时间，然后约好在附近一家餐馆门口碰头一起用晚餐。

半小时没有什么可逛的，我们三个人逛进一家大型商场的超市转了一圈，除了感觉物价贵和某些商品的设计不错以外，没发现什么特别值得我们欣喜的，只看到当地产的草莓物美价不贵，打算买盒回去晚上吃。不仅因为这些草莓看上去透红新鲜，还因为我们考察图书馆的过程中吃到过几次，感觉味道比国内的草莓好多了。

晚餐被安排在一家自助餐厅，除了我们六七个参加考察的人，两个社区图书馆的馆长也参加作陪。她们都是四五十岁的女馆员，很会聊，所以气氛很热闹，再加上自助餐的东西看得见摸得着，可以由我们自由取用，味道也更对胃口，所以，这顿饭是属于我们踏上丹麦的土地后吃得最好的一次。

用完餐大家便散了。时间还不算太晚，我们决定趁今晚的时间再最后确认一下褚馆长将要演讲的 PPT 内容，所以，张昱也一起回到我们那个号称高档却极其拥挤的房间。

由于前期准备充分，PPT 的内容没有做大的调整，只是根据内容的逻辑关系和考虑到让老外们更便于理解，经商量，我们决定把"平民图书馆，市民大书房"这句口号拆开，分别作为两个部分的标题来展开阐述，并再补充两张支援甘肃通渭图书馆的照片。

做完这一切已经是晚上十点半了，外面的天似乎并没有黑透，也许丹麦夏季的天根本就不会黑透。尽管如此，毕竟是深夜了，为了安全起见，作为男性长者，我有责任送张昱回到她所住的 CABINN。

奥尔胡斯的夜色并没有迷人的灯光，却清静而又不给人冷清的感觉。我们边走边聊了十多分钟，忽然听到远处传来热闹的音乐声，顿时也有几分兴奋。原来，离 CABINN 不远处的广场上，搭着一个很大的舞台，上面正有一个乐队卖力地演唱着，台下也还坐着不少的观众一边喝啤酒，一边跟着手舞足蹈。显然，这是一个政府搭台、民间唱戏的公益性文化活动，是市民们享受夏季美好时光的一种方式。后面几天我们曾几次路过这里，发现这个舞台无论是白天还是夜晚，似乎从来没有闲过，总是有不同的团队在上面表演，有些还是有相当水平的准专业乐队，有些则完全是娱乐大众型的，但无论哪一种，台上台下总是一样很 high。我总结出两条：一、说明这个只有五十多万人口的城市拥有相当多的音乐人或爱好者；二、市民们很喜欢这种文化方式，而政府也给予了充分的支持和倡导。

我和张昱欣赏了一会，便互致晚安告别了。一个人往回走的时候，强烈的疲惫感开始袭遍全身。我强忍睡意，回到房间，跟褚馆长打趣了几句，便草草洗漱，进入了梦乡。

第四日（6 月 18 日）

主要内容：考察 HJOERRING 图书馆、考察 NORDKRAFT 文化中心和参加 VIP 晚宴

虽然疲惫一直没有得到有效恢复，虽然每晚一上床就进入梦乡，但奇怪的是，我每天早上四点多便醒来，再也睡不着了。我知道，这还是时差没有完全倒过来的原因。也好，赖一会床，五点多起来，正好是国内上午十一点多，可以收收邮件，处理一些事情，或跟国内的朋友聊上几句。另外，我还兼着褚馆长的"秘书"呢，馆里有什么事要请示，总是在这个时候就有邮件或 QQ 留言过来了。

褚馆长则跟我有些不同，每天早上三四点钟总是被电话吵醒。也可以理解，这时间国内是上午九、十点钟，那些不知道他身在国外又有事找他的人，这个时候打电话是再自然不过了。然后，他又呼呼大睡到早上七八点钟。不过，他也一样说睡不醒，看上去比我还疲惫。

今天的第一个节目是考察 HJOERRING 图书馆，这个馆位于离奥尔胡斯 100 多公里的另一个小城市。一个半小时赏心悦目的车程后，我们到了一个看上去很悠闲的小城，巴士把我们送到一个新建的大型商业中心门口。原来，这座图书馆就设在这个商业中心里面。这又是一种新模式。我开始理解主办方为什么要让我们考察这些类型各异的图书馆了，原来，他们是想以一种感性的方式给我们传达一种信息，当代图书馆已经没有什么不可能的模式了，怎么有利于市民更好地利用图书馆就怎么来。

一走进图书馆，又给我那两个字的印象，惊艳！而且是震撼级的。一个面积不大不小，就平铺在同一个层面的图书馆该如何设计？在没有见过这家馆以前，我想我脑子里没有出奇制胜的高招，但这家馆却非常巧妙、大气、时尚地解决了这个难题。

在这家图书馆里，没有一间一间隔离的小房间，整个开放区域全部连成一片，通透而气势不凡，但它又不是一览无余的。利用书架、设备、活动道具、装饰、立体展览及色彩变化，它被很自然地分出了许多功能区。它的功能也可以说是包罗万象，有儿童阅览和活动、成人借阅、创意体验和展览等等，还有读者可自助就餐的餐厅，所有这一切都被有机地组合在同一个空间里。

更令人叹为观止的是，设计者以一条宽达一米的大红色的带状物曲折贯穿于整个空间。很难形容这条带状物是什么东西，它就像一条变幻莫测的长龙，时而匍匐于地，时而腾空而过，时而是新书的展台，时而又是馆员的办公桌。它既是装饰品，又是实用物品，把整个图书馆贯穿一气，（使图书馆）完全在它的统领之下。

红色长龙是绝对震撼的创意

设计惊艳是这家馆给我的最强烈的印象，但它并不仅限于此。它的许多设施的细节设计和布置都非常巧妙，如它的一系列书架的迷宫式排列就令人流连忘返。它还有许多有意思的软件可供读者自行制作很有意思的作品。一句话，这是一个在现代理念支撑下，以现代设计为表现的、为现代生活方式服务的现代化图书馆。

午餐就在该馆的读者自助餐厅进行。我们每个人得到一份以各种生蔬菜为主，混有或鸡肉或鱼的沙拉式主菜，再加上足够量的面包。简单、健康而且味道也算不错。快吃完的时候，我忽然想到来丹麦之前我夫人关照我的话，鉴于最近德国在闹"毒黄瓜"事件，丹麦也有疑似病例，千万不要吃生蔬菜。我心里暗笑，现在想起来已经迟了，再说，不吃这些生蔬菜我还能吃啥呢？话要说回来，我之所以直到快吃完才会想起如此重要的嘱咐，实在是因为这些生蔬菜能给人以足够的信赖感和诱惑力。

之后，我们又登上巴士，前往爱尔堡考察 NORDKRAFT 文化中心。从它的名称可以看出来，我们这一站的考察目标不是图书馆，而是一个综合性的文化机构，但主办方让我们考察它显然也是有用意的。我猜想，其目的还是拓展我们管理图书馆的思路。

首先令我们新奇的是，这个文化中心是由一个发电厂改建而成的。与前两天考察的 ELSINORE 图书馆由船坞车间改造的不同，这个文化中心尽可能地保留了厂房的原貌，所以，刚走进这个大建筑的一瞬间，虽然给人宏伟大气的通透感，但也觉得粗犷有余而文化味不足。但不久，便觉得它的文化味越来越有嚼头，其味道就在于建立在现代工业基础之上的现代文化与现代工业本身并置时所出现的对比与和谐。

这个文化中心同样包罗万象，有摄影、绘画和设计等视觉艺术的工作室，也有乐队、剧场等表演艺术的团队，还有室内球场、室内攀岩、电影院和酒吧等设施，也有多种培训教室和活动室，显然，这也是一个符合"第三空间"概念的文化场所。唯一令我感到遗憾的是，这个文化中心里居然没有图书馆。也许我可以这样来理解，这个中心的所有内容，都可以是未来图书馆的内容，或者说，它就是未来图书馆的模样。

考察结束前，文化中心负责人请我们看了一部关于这个文化中心改造全过程的电影，令我印象深刻。通过这部电影，不仅使我明白，为了尽可能地保留老厂房的原貌，设计和改造者可谓殚精竭虑，用心良苦；更令我肃然起敬的是他们那种深远的历史文化保护意识和一丝不苟的敬业精神。从这个片子可以看出来，为了把这个建筑由工厂转变为文化中心的历史过程忠实地记录下来，他们在工厂还没停工时就开始记录拍摄，然后，把整个改造过程中的每个细节都全程记录了下来，使这部片子不仅成为一部珍贵的历史文献，同时，它本身成为了一部具有行为艺术意味的现代艺术作品。

顺便看到的一个情景也令我感慨良多。当我们登上楼顶，远远看到一堵孤零零的老墙被钢架支撑着屹立在一片空旷的废墟中。文化中心的负责人介绍说，那里原先也是一幢厂房，为了保留下厂房古朴的外立面，厂房被拆除时，这堵外立面墙就被保护了起来。后来因为没有合适的房地产开发商来接手这片地，这堵墙已被这样撑着有好多年了。这不禁令我想起了国内的旧城改造。我们原本一些上百年的老建筑，往往就是某位领导一拍脑袋，一夜之间便灰飞烟灭了。

带着满足感完成了今天的考察任务，回到旅馆稍事休息。根据日程安排，晚上还有一个重要节目，就是由美国盖茨基金会做东的 VIP 晚宴，主要是招待一些国际图书馆界的重量级人物。由于褚馆长是这次会议的主旨演讲嘉宾，自然在被邀请之列，而以翻译为身份的我自然也沾了光。

作为 VIP 晚宴，似乎的确有些郑重其事。奥尔胡斯图书馆的行政主管克努德·舒尔茨（Knud Schulz）先生亲自到旅馆大堂来迎接我们，陪我们走到用餐的地方。进了餐厅却令我们大跌眼镜，这个所谓的 VIP

晚宴餐厅居然是一个类似社区中心会议室的地方，一长溜桌子一字排开，有点像我们开茶话会。

不过，来参加会议的人的确都是国际图书馆界的重量级人物，有些是我们已经认识的，更多的是第一次见面。我们自然是要利用这个机会多认识人，多了解信息的。

褚馆长最感兴趣的是图书馆绩效评估、数字图书馆建设和"第三文化空间"三方面的情况。我们连续跟几位丹麦、荷兰、德国的资深馆员做了交流，初步得出结论，在绩效评估和数字图书馆方面，他们都没有走在我们前面，最多可以说与我们在同一个水平上。而后者，通过这几天的考察，则已经有了初步了解，身临其境地感受了他们的先进理念和工作水准，而在出版、自行创编信息方面他们也并没有多大动作，如果我们把自己的想法都操作起来，便有可能超越他们。

虽然所谓的 VIP 晚餐并没有啥吃的，但大家都在热闹、随意的气氛中相谈甚欢，也许这正是西式聚会的特点吧。这时，我想起还有一件事没完成，就是要找到盖茨基金会的负责人，向她递交一份给比尔·盖茨的邀请函，邀请他在拟议中的明年我馆与青树教育基金会举办的国际会议上做一个演讲。

这时，我忽然发现坐在我斜对面的一位叫杰西卡（Jassica）的女士的胸牌上还写着盖茨基金会的缩写 BMGF，我猜想她就是那位我们要找的当过西雅图图书馆馆长、现任美国盖茨基金会专门负责图书馆事业项目的负责人。于是，我征得褚馆长同意后，拿着酒杯冒昧地走到她面前问她是否当过西雅图图书馆馆长。杰西卡哈哈大笑后爽朗地说，你要找她啊，我给你引荐一下。然后，热情地把我们带到这位真正的负责人黛波拉·亚可布（Deborah Jacob）女士面前。这样，我们就算正式接上头了，而这时我才明白，杰西卡是她的副手。之后，我便顺理成章地把给比尔·盖茨的邀请函交给了她。

席间，我们又碰到了到哥本哈根来接我们的胖小伙亚可布。褚馆长一见他，首先打趣地问他，你还玩乐队吗？当得到小伙子的肯定回答后，褚馆长不知是心血来潮还是早有想法，半开玩笑半认真地问，如果请你们的乐队到我们杭州图书馆演出，你愿意吗？我们可以为你们支付来回的机票和在中国的所有费用，但你们的报酬是没有的，这样可以吗？

小伙子一听，两眼立马放出光来，肯定地说，我当然愿意，你们能支付这些费用已经足够了，不过，我还得征求一下乐队其他人的意见，因为乐队中有几位已经结婚了，想法会复杂一些。馆长又补了一句，我有个小小的要求，我希望是你，以一个图书馆员的身份作为乐队的队长来中国。小伙子脸上稍稍掠过一丝难意，喃喃地说，我可不是乐队的老板。我马上接上说，你可以是名义上的老板，实际谁是老板我们也无所谓的。小伙子立马又露出了笑意说，这也许是个好办法。最后，他还是很认真地表了态，不管结果如何，过几天我会把最后的决定告诉你们。显然，小伙子是很期待有这样一次中国的音乐之旅的。

这一天还算圆满，该做的事都完成了，我们也累了。馆长想早点回去睡觉，其实这时候也不早了，已经是晚上十点半左右了。于是，我们向奥尔胡斯图书馆的馆长罗尔夫·哈佩尔（Rolf Hapel）先生和一些熟识的人打了招呼先行退出了这个热闹的 VIP 晚餐。行政主管舒尔茨又热情地送我们一直到旅馆才分手告别。

第五日（6月19日）

主要内容：参观 ARoS 现代艺术馆和彩虹全景画及出席 GET2GETHER 会议开幕式

今天是大会报到注册的日子，我们所住的旅馆一下子热闹了许多，都是来参加 NEXT LIBRARY 2011 会议的各国代表。这也是最轻松的一天。大会安排每位代表可以免费参观奥尔胡斯的 ARoS 现代艺术馆和它的彩虹全景画。

在这之前，我们早就注意到了这个所谓的彩虹全景画。它应该算是奥尔胡斯的标志性建筑吧。这个全景画在现代艺术馆的顶上，是一个 360 度的大圆圈，色彩按彩虹的七种颜色渐变。它的妙处在于，当游客走在那个大圆圈里欣赏全城的美景时，他们自己成了一道美丽的风景。远远望去，游客的剪影在彩虹中游移，仿佛是一幅流动的画。正因为如此，我们都想着应该上去转一圈，也让自己做一回风景。看来，会议主办方很了解我们这些外国代表的心思，想得很周到。

我们从旅馆总台处每人领到一张免费参观券，然后三三两两地一起进了艺术馆。先直接上彩虹。进了彩虹圈，虽然有一种与惯常不同的感受，但其实并没有我原先想象的那么神奇。原以为这是个什么高科技的装置，进到里面才发现，它不过是用彩色透明板围起来的一个圈，只是每一块板的色彩都有些渐变而已。透过彩色透明板，我们可以 360 度看到全城的景色，在不同的位置，看到景色的颜色是不一样的，这完全取决于那块板的颜色。其实，这样看风景还没有真实的色彩美丽，不过有些新鲜感而已。说实在的，从这儿看风景，还不如自己成为风景让人从外面看过来更神奇。

不过，这个彩虹全景画倒是又让我感叹了一番。看来，神奇的东西未必都需要高科技，更重要的是创意。创意能让平凡变为神奇。

　　从彩虹圈出来，我们自上而下一层一层地参观现代艺术作品。因为个人的原因，我更喜欢这些现代艺术。现代艺术的类型很丰富，有抽象的，也有超写实的；有传统绘画、雕塑方式的，也有媒体、影视等现代方式的；有些令人赏心悦目，也有些绝对考验观众的心理底线。不管是哪种类型，有一点基本可以肯定，以我的眼光来判断，这些作品的水准都很高，可以归入一流或准一流的行列。

　　其中有一件作品几乎得到了所有观众的追捧，它的名字很简单，就叫《孩子》，内容也很简单，就是一个蹲着的孩子的雕塑。但它却给人以极大的震撼，因为它用的是超写实的手法，连雕塑的裤子都是用真实的布料做的，而它的高度却超过了两层楼。可以想象，如果这孩子是站着的话，他至少得有五层楼那么高。当参观者走近他时，自然会有一种走近巨人的被压迫感，震撼就来自于这种超乎常态的真实。

　　令人欣喜的是，这个现代艺术馆里居然还设有一家图书馆，可惜来得不巧，今天不开放，我们没法揭开它的庐山真面目。

　　走出现代艺术馆，我又暗自感叹了一回。一个只有五十万人口的城市就有如此档次和规模的艺术馆。比较而言，杭州这许多博物馆和艺术馆，没有一个可以与它相提并论的。我们的文化建设任重道远啊。

　　这顿午餐得由我们自己解决，虽然得自掏腰包，但至少我们可以自由选择我们感兴趣的吃了。几天洋餐下来，我们的脑子里自然只有中餐的好了，所以，我们的第一目标就是找中餐馆。在一个少有华人居住的城市，对不熟悉这座城市的我们来说，这件事并不是很容易，但我们三个人似乎谁也没有怀疑，在这座城市一定能找到中餐馆，这来自我们共同的对中餐的自信。

　　果然，没走多远我们就发现了熟悉的中文"长城轩"的字样，凭感觉我们就确信它是一家中餐馆。遗憾的是，它居然关着门，不营业。

我们又逛了一会，发现了一家像是华人开的小超市，走进一看，那收银员果然是一位中年华人，我估摸着他就是这家小超市的老板。于是，我们问他。他说，今天是周日，那家"长城轩"中午是不开张的。这有点让我意外，中国人也居然在周日不开张，看来这位中国餐馆老板也比较欧洲化了。我们又问他是否还有别的中餐馆，他给我们比画了一阵，说还有一家。

我们似乎有一股找不到中餐馆誓不罢休的劲，顺着他的指引，又走了一段，果然又找到了一家中餐馆。这家中餐馆叫 CHINA WOK HOUSE，直译应该叫"中国铁锅房"吧，要是仅看这个名字，我想没有中国人会认为这是餐馆，它更应该是锅炉房或卖铁锅的，但也许当地人会认为这就是餐馆了。

餐馆的门面很小，边上还放着外卖的食柜，但进去以后发现有点曲径通幽的感觉，天地还不算小，而且主色调就是中国红。这个颜色要是放在国内会给人感觉有点热，有点土，但在那个环境下，它就是温暖感，就是典型的中国 Style。在里面转了一圈，感觉它的自助餐很有食欲，我们便决定吃自助餐。的确吃得很过瘾，其实仔细想想，也没啥特别好吃的，实在是因为想念祖国的饮食文化了，有点饥不择食的意味。

吃完午餐，已经差不多下午三四点了，本应该回旅馆睡一觉的，可是，我们不知不觉被沿街的商铺吸引了，于是，便一本正经地逛起了商店，一直逛到店家要打烊了，礼貌地请我们，才心满意足地回了旅馆。

晚上 6 点钟还有一个重要的活动呢，叫作 GET2GETHER，它应该就是这次会议的开幕式吧。我们回到房间稍稍休息了一会，又得出门了，要看看他们的开幕式究竟是如何搞的。

通过这个 GET2GETHER，又一次领略了丹麦人的节俭、低碳精神。仪式就在奥尔胡斯主图书馆的大厅举行。没有主席台，没有横幅，没有一张座椅，只有一个投影，上面打着欢迎参加 NEXT LIBRARY 2011 的字样。大厅边上放着一排桌子，是与会代表报到注册的地方。

当我们走进奥尔胡斯图书馆大厅时，里面已经是热闹非凡。先到的人，也许很多都是熟识的老朋友了，每人手上提着一杯香槟，三三两两地聚在一起聊天。我想这就是欧式会议的方式吧，也是 GET2GETHER 这个名称的由来吧。刚到的人则都在报到台前排队报到注册，并领取每人一份的会议资料。资料用一个黑色的环保挂肩袋装着，外面用白色印着会议的名称，简单却不乏时尚感。

简短的开幕式开始了。没有领导，没有贵宾，似乎也没什么程序，只是在大家闲聊相聚的空当，主办方奥尔胡斯图书馆的馆长舒尔茨先生致了简短的欢迎辞。我们感觉还意犹未尽呢，仪式已经结束了。然后，晚餐开始，大家可以从放在简陋餐台上的各类食品中自助取食。令我感觉特别新鲜的是，300 多号人，每人一个盘子，自取食物，自找位置，晚餐就这样在奥尔胡斯图书馆的每一个开放角落展开。所以，有的人坐着，有的人站着，有的人在走廊上，有的人在书架边。大家似乎都怡然自得，都随意轻松，只是我觉得不太方便。这又让我想起了我们馆的规定。我们的规定是读者连有色饮料都不能带进阅览区的。体会了这样的情景，我严重质疑，我们的规定是不是有点太苛刻了？或许是，我们把图书和阅读看得太过神圣了？

用餐的过程中，褚馆长居然认出了五六年前曾接待过他的原纽约图书馆馆长苏珊，也碰到了去年在上海（杭州）国际图书馆论坛上刚见过面的瑞典斯德哥尔摩图书馆馆长，并相约明天早餐时商量两馆间具体的合作交流事宜。

最轻松的一天。

在阅览桌和书架间用餐，这与中国图书馆人的做法大不相同

第六日（6月20日）

主要内容：约谈斯德哥尔摩图书馆馆长、出席第一天会议以及晚宴大聚会

按昨晚的约定，我们准时来到了旅馆的早餐厅，斯德哥尔摩图书馆的馆长英加伦登（Ingalunden）先生也如约而至。因为大家都很熟识了，像老朋友一样，所以我们轻松地一边吃早餐，一边聊两馆间合作交流的细节。从杭州和斯德哥尔摩的天气特点，聊到什么时候互派馆员交流最合适，再聊到图书交流以什么语种最好。由于双方的意愿一致，彼此间也没有什么大的不同意见，所以，不到半小时，早餐吃完了，合作的细节也都谈妥了。双方约定各自回国后通过网络再联系。这真是一顿高效的早餐，也是这次会议的一个额外收获。

正式的会议安排在奥尔胡斯音乐厅举行。我想主要原因是奥尔胡斯图书馆内没有可容纳300多人的会议厅，要不然，他们绝对不会把会议安排到馆外来开。会议很紧凑，上午的议程是一个主旨报告，然后，按议题内容分几个分会场，与会者可以根据自己的兴趣选择参加任何一个分会议。

更值得一说的是，会议组织者在正式的会议前还别出心裁地搞了一个热身活动。我不知道欧洲人开这种会议前是否都有类似的活动，反正我是第一次亲身感受。如果这不是一个欧洲人的常规活动，那这绝对可以算是这个会议的一大创意。

所谓热身活动，大概是会议组织者认为直接进入会议议程显得太单调，与会者情绪不高，所以，专门增加了这样的一个环节。一位类似音乐教师的美女走上前台，邀请全体起立，然后，她教大家唱几句不知道什么意思却很好听的歌。因为没有具体的意思，所以无论哪种语言的人都能唱。待大家都学会了，再把会场上的人分成四部分进行轮唱。整个环节一共也就五分钟左右的时间，但整个会场的气氛已经完全变了样，大家都变得轻松而愉快了。

主旨报告由丹麦图书馆与媒体局的长官索豪格先生来讲，我们已经在几天前与他有过直接的交谈。他的报告主题是"民主，创新和合作（Democracy，Innovation，and Partnerships）"，这是一个宏观的方向性和前瞻性的报告，三言两语也说不清，得去好好研究他的报告才行。

之后的分会场我们选择的主题是："你在建设下一代（未来）图书馆吗（Are You Building the Next Library）？"这个主题其实还是关于对未来图书馆理念的讨论，很多新的思维我们在前几天的考察中都有了切身的体会，所以，给我们特别新鲜感的并不是它的内容，而是会议的形式。

会议有三位主持人。一位是来自英国伯明翰图书馆的盖姆波勒斯（Gambles）先生，看上去有几分懒散的英国绅士，他以 PPT 的形式简单介绍了伯明翰图书馆新馆的建设。然后，另两位来自奥尔胡斯设计机构的女设计师介绍了正在规划建设中的奥尔胡斯图书馆新馆，它未来的名字已经不再叫图书馆了，而是叫"城市媒体空间"（Urban Media Space），由此也可以看出他们对未来图书馆发展的设想。

接下来，主持人把与会代表分成若干个小组，请每个组讨论并列举出每人心目中未来图书馆的几个关键词。之后，主持人把它们汇总起来加以评说。主持人又请与会代表认真看一看贴在墙上的一些国际知名图书馆或建筑的图片，并作出各自认为最好和最差的判断，用小纸条写上理由贴在相应的图片边上，然后主持人再一一把理由念给大家听一遍。整个会议过程热闹、愉悦，就像在做智力游戏，却始终没有对错评判，更没有标准答案，只有通过讨论形成的共识和相互启发。

走出会场，褚馆长深有感触地说，以后我们的中层会议也可以借鉴一下，用这个办法来开。我暗想，用这个办法开完会，拿什么去指导和督促工作呢？

请大家为世界著名的图书馆建筑投票

会议的午餐也够艺术的。等我们从会场出来，大厅里已经整整齐齐地码放了很多设计感极强的盒子了。原来，那是餐盒，每人一个。我感叹，那么漂亮的盒子，拿个万八千的礼品搁里面也毫不逊色。首先这午餐饭盒就够艺术的。更为"艺术"的是，会议并没有为与会代表提供吃饭的地方，所以，大家又各显神通了，有站着吃的，有席地而坐的。我们也只有入乡随俗了，找了个台阶坐下吃。还得说句公道话，我和褚馆长一致认为，这盒餐是我们这几天所吃过的西餐中最可口的。我也搞不懂是这个盒饭的确标准高、做得好呢，还是我们的嘴太不够水准了。

中午没有休息，午餐后不久就开始了下午的会议。我们选了以"城市发展中的公共图书馆"为主题的分会场。听了不多一会儿，我和褚馆长都有点撑不住了。也许是这几天的疲劳累积的缘故，也许是我们很不习惯如此紧凑的会议节奏，反正，我们都坐不住了，只能溜号回旅馆睡觉去了。美美地睡了一个午觉，这是到丹麦后睡的第一个午觉。

按照会议的安排，今晚的晚餐是会议安排的大聚餐，还有舞会什么的。从我们这几天的经历来看，我相信会议组织者会安排得很周到，或有什么新创意的玩意儿，但不太可能会有什么大排场或奢华的东西，因此，我们抱着期待却又期望不高的心态坐上了会议专门安排接送的大巴。

看上去，这顿晚餐的规模不小，因为是全体与会者的大聚会，据我所知，光报到注册的人数就有300多人，再加上其他人员，怎么也得有400来号人。从一辆接一辆的接送大巴的架势，也证实了我的猜测。

在大巴上，我们遇到了一位原先在图书馆工作，现在已调离图书馆却在做一些服务于图书馆的IT性质工作的丹麦代表，我们与他闲聊起来。褚馆长对他们的图书馆员的收入水平和社会地位感兴趣。从这位代表的谈话中得知，他们图书馆员的地位与我们国内的很相似，属于那种在吃皇粮的人群里收入最低的，社会地位也就一般。

不一会儿，大巴把我们送到了目的地。看这阵势，也许我原先的猜测错了。这是一栋面临大海的白色独体建筑，规模不小，而且很经典。建筑正前方是一大片以绿树和草坪组成的开阔地，此时，先期到达的代表们已经人手一杯香槟，三三两两地聚在一起闲聊，一副典型的西式上层社交活动的派头。我们刚走近人群，帅小伙侍者便托着托盘迎上前来，也为我们送上香槟。

此时正是日落时分，海边的空气清新凉爽，一抹晚霞正挂在天边。褚馆长和张昱两人聊得火热，这时候，我似乎更愿意去会一会大海。于是，我独自走下绿色的开阔地，一直走到大海边。海滩不算很好，并不是理想的晒日光浴或游泳的场所，但矗立着不少现代雕塑，人工的创造与大自然的杰作相互映照，别有一番可以无尽言说的禅意。

不一会儿，一位穿着雪白工作服的厨师拎着一瓶硕大的香槟，站上一个高台，用一把宝剑"啪"的一声削掉了香槟的瓶口，这大概就是宣告晚餐开始的意思吧。大家纷纷找座位坐了下来。

餐厅里放着三四十张餐桌，那阵势与国内的大型婚礼也差不多，不过，套路还是不一样的。餐桌上什么可吃的东西也没有，但每人桌前都有一大堆餐具和酒杯。先是每人一杯白水和白葡萄酒，由各人自由取用，再后来是每人一杯红葡萄酒。虽然是没有吃的，但大家还是时不时地举杯碰杯，使气氛显得更活泼一些。

过了好久，总算上来了每人一份的主菜，很大的盘子，盘子中央一堆放得很漂亮的菜，是各色海鲜，有虾仁、鱼、鱿鱼及一些说不上名的东西，和生蔬菜拌在一起。量不多，但味道不错。凭我感觉，这样品质的菜肴，加上这里的环境和档次，光这盘主菜就价格了不得。这时，侍者又上来为每人在另一只杯子里倒了一杯红酒，显然，这个酒与先前的红酒不是同一种酒。我因为不会喝酒，既看不出其中的差别，也不遗憾会错过了高级红酒，所以，我谢绝了这杯酒，也算为主办方省点钱吧。在这一点上，他们的套路很令我欣慰，没人会强劝你喝下你不愿喝的酒。

晚餐虽然挺高档，但大家都还是吃了个半饱，等了半天却不见有新的菜品上桌，连那些本地人似乎也不知道接下来会有什么，但显然这一餐还没完，因为没人离桌。又过了好久，总算搞明白了，接下来是自助餐了。每桌的人有秩序地轮流排队到一排刚端出来的餐台前自由取用。显然，这些菜的档次就比较普通了，但能让人吃饱。接着端上来的甜点却做得极其精致而丰富，连我这个不太爱吃甜点的人也将其一扫而光。

这时，餐厅的内侧响起了音乐，明显是西式的，却又与我们通常听到的现代音乐不同，我想这应该就是丹麦风格的音乐吧。原来，主办方还专门请来了一支乐队为今晚的活动助兴伴舞。不一会儿，越来越多的人聚集到乐队边上，随着乐队主唱的歌声欢快地扭动起来。

这时，已是晚上近 11 点钟了，这顿饭不知不觉吃了好几个小时。馆长和我都不会跳舞，张昱虽年轻，却也是东方女孩的风范，对跳舞似乎也不来电，所以，我们便与一些年纪较大、对跳舞没有兴趣的代表一起，先乘一辆大巴回旅馆了。

事后，我们简单算了算账，这顿晚宴无论如何也得花几十上百万的丹麦克朗吧。看来，丹麦人并不是不会讲排场，该出手时他们也是会出手的。

第七日 （6 月 21 日）

主要内容：参加第二天会议、褚馆长演讲、约见盖茨基金会负责人以及逛老城

今天是会议的第二天，对我们而言是绝对的重头戏，因为褚馆长的主旨演讲就安排在今天大会的第一项。

显然，褚馆长也是格外重视的，所以，他今天的起床时间比任何一天都早。吃过早餐之后，他郑重其事地回到房间换上了西装，系上了领带。看到他这个样子，我决定不再穿西装了。第一，我的身份并不是非得要穿西装的；第二，如果我也穿上西装，别人一看就会发现我们的西装是一模一样的。因为我和馆长都带了我们的馆服，这虽然能说明我们的馆服档次不算低，但更重要的是，这会很煞风景。

九点钟开始的会，我们八点零一就到达了会场。因为在会议开始前，我还需要把褚馆长演讲的 PPT 拷到会议专用的电脑里，并确保能正常使用。我一直担心，如果会议专用电脑里没有中文字库的话，PPT 中的中文是否能正常显示出来，如果不行，那就必须用我的电脑，这都需要时间去安装和设置的。

会议的工作人员比我们更早就到了，他们很专业地把我的 PPT 拷过去，并试了一下，一切正常，这时，我一直悬着的心才算是放下了。

这时，张昱从她所住的 CABINN 也赶到了会场。她也把她的电脑打开，将她的翻译稿又与褚馆长将要进行的演讲内容校对了一遍。按照事先的安排，为了确保褚馆长的演讲有更好的效果，我建议还是由她来做现场翻译。她毕竟是留学美国多年的，英语水平怎么着也比我更顺溜。她为此也做了充分的准备，所以我对她的翻译并不怎么担心。

会议正式开始前，与昨天一样，先有一段热身活动，所不同的是，今天请来了一位黑人小伙子。他比昨天那位女音乐教师更能煽情，也更

high，大家跟着他的鼓点声和喊声，手舞足蹈，瞬间所有人的情绪都激发起来了。

褚馆长上台演讲前，主持人奥尔胡斯图书馆的馆长哈佩尔先生先做了一番简短的介绍，他谈到了褚馆长去美国考察后建设的杭州图书馆新馆，也谈到了杭州图书馆欢迎乞丐进馆的讨论，显然，他是做过一些调研工作的。而对与会的大多数人而言，杭州是陌生的，杭州图书馆更陌生，甚至对中国图书馆界的整体情况都是陌生的，所以，都对褚馆长的演讲拭目以待。

褚馆长慢悠悠地走上台，没有欧美学者们的活泼和潇洒，却有东方人的稳重和儒雅，我相信这种与他们惯常见到的截然不同的风格反而形成了独特的气场，吸引大家全神贯注地聆听。褚馆长的演讲波澜不惊，按照事先准备的内容有条不紊地进行，但显然事先的准备都是有的放矢且引起了他们的兴趣，所以，大家的注意力始终被保持得很好。特别是针对 PPT 上的一些图片，馆长做了适度的现场发挥，使内容变得更为鲜活而可信，时不时地引来了现场的掌声。

他们没有想到中国的城市可以那么美，中国的图书馆可以那么先进，中国的图书馆馆员可以做得那么多，中国的图书馆理念一点也不比他们落后，甚至某些方面已经超越了他们。最后，褚馆长以抛出公共图书馆应打造成民众的"第三文化空间"这一独特观点作为结束。整个时间恰到好处地控制在了规定的半个小时内。

会场上响起了长时间的掌声，表示对褚馆长演讲的祝贺和感谢。散场时，不时有陌生的与会代表走过来递上名片，并握手致贺。短短半小时之后，褚馆长俨然成了大会的明星。

大会之后又是主题分会场的活动。我们参加了由原纽约图书馆馆长、目前在美国国际图书馆战略机构工作的苏珊和她的同事琼（June）

主持的会议。她们的主题是"从零开始构建一家图书馆"（Building a Library from Scratch）。从这个主题可以看出，主题分会刻意设置这样的主题来启发与会者的思路。

更令人感兴趣的还是会议的方式。这一次，苏珊和琼女士把与会者分成正反两方，以辩论的方式来展开讨论。她们出了三个题目：

● "公共图书馆是过时的机构"（The public library is an outdated institution）；

● "设计周全的公共图书馆建筑对创新图书概念服务是必需的"（A well-designed public library building is essential for innovative public library service）；

● "公共图书馆就应该是公共财政支持的"（Public libraries should be publicly funded）。

显然，这些题目都是很难有标准答案的，正反方都会有道理，但似乎又都是不会全面的。这也许正是这个会议的特点。

大会的安排足够紧凑。分会场活动预计到 11 点半前结束，这时午餐的餐盒都已经送上来了，但还有一个大会的闭幕式要举行。代表们都已经不太有心思了，我想不出主办方还有什么亮点可以吸引大家的注意力，使这个会议不至于虎头蛇尾。

果然，他们还是有值得我们学习的高明的地方。在大家重新走进大会场的过程中，台上的投影不断地切换着这次会议的花絮图片，有的很高雅，有的很搞笑，但出现的面孔都是熟悉的，此刻，他可能就在你边上站着，也可能那就是你自己，所以，不时地引起会心的微笑。

大会闭幕式的主持人竟然不是任何一位有身份的领导或专家，而是操盘这次会议的团队成员之一、美女馆员玛丽（Marie），她的主持方式也足够新颖。原来，早在会议开始之前，她就已经为闭幕式埋下了伏笔。在 GET2GETHER 的那个晚上，她分别找了一位来自每个大洲的与会代表做了一个简单的采访，问了几个极简单却与会议密切相关的问题，如"你对这次会议最期待的是什么""你认为这次会议能带给你什么"之类。在这个闭幕式上，她又把这几位被采访者请到了台上，先在投影上播放一遍原先的采访视频，然后，再重新回放一遍，问题几乎是一样的。这样，回答者的或机智幽默或风趣搞笑或出人意料的回答，自然把这次会议的重要收获都总结出来了，而且这种总结都是发自与会代表内心，毫无做作和作秀的嫌疑。很荣幸，张昱也作为四个被采访者之一被请上了台，她落落大方的态度和流利的英语也算为中国人争了光。

午餐与昨天一样，每人一个漂亮的盒子，各自找地方吃去。张昱怕会后大家都散了再找人不方便，硬是在午餐的时候拖住了苏珊和琼，让褚馆长还有什么要咨询的赶紧问。于是，我们一边吃午餐，一边又向她们了解了国际图书馆界关于绩效评估方面的进展情况，得到的回答有些令人失望。据她们介绍，目前国际上并没有能得到广泛认可的绩效评估方案，很多图书馆都是各做各的，各自拿来证明自己的存在价值，或者作为向相关政府报告的证据。

饭后，我们回旅馆稍稍休息了一下，但没敢放松睡觉。因为事先已与美国盖茨基金会约好，下午四点和该基金会的负责人黛波拉·亚可布女士见个面。下午我们准时到了旅馆的大堂，不一会儿，杰西卡也到了，看来，美国人还是蛮守时的，又过了一会儿，亚可布也到了。因为我们都住在同一个旅馆，也不打算出门找地方了，就在旅馆外的露台上坐了下来。

杰西卡热情外向，是个很容易打交道的人，亚可布稍稍有些矜持，也许与她的身份有关，但总的来说都具有比较直率的美国人性格。我们

图书馆外的绿地里竖着的两个露天男用小便池令我大开眼界，这是否也是创新的一部分呢？与高大上的国际论坛相得益彰

寒暄了几句，并把送给她们的礼物拿了出来，她们自然是很开心，感谢再三。因为半小时后亚可布另外还有事，所以，她直率地切入了正题。她的意思是，我们送给比尔·盖茨的邀请函她们一定会如期转交的，但希望我们不要抱太大的期望，因为比尔·盖茨本人现在的关注重点并不在图书馆方面，连他们基金会内部关于图书馆事务的会议也从来没有参加过，所以，接受我们的邀请，来杭州参加明年的图书馆会议的可能性不会很大。

其实，关于这个情况我们也很清楚，并没有抱太大的希望，无非是利用这次会议的机会跟她们混个脸熟，为以后能够得到她们更多的支持，或让她们更多地了解中国的图书馆，或为提高中国图书馆的国际地位打些基础而已。

又闲聊了一会，便与她们分手告别了。还有一些空余的时间，我们决定去逛一逛奥尔胡斯的著名景点之一："老城"。拿着一份丹麦文版的地图，大致向旅馆总台的服务员问了一下方向，我们便出发了。张昱似乎更相信地图，带着我和褚馆长一会儿左转一会儿右转，到了差不多那个区域，她也蒙了，找不到老城的具体位置。我嫌看地图麻烦，更何况又是天书一样的丹麦文地图，所以，我逮着路人便问，不一会儿便找到了入口。褚馆长打趣地说我是为了看美女才找人问路的。他的说法也不全错，的确，路上的美女特别多，与她们交流一下也是蛮享受的事。

此时，老城已过了开放时间，里面已经是静悄悄的了，但并不关闭，我们依然可以自由进出，倒是省了价格不菲的门票。这的确是一座老城，里面房子的样式似乎都是几百年前的，简陋、狭小，屋子里面的陈设都在尽量彰显着当时人们的生活方式，很有历史感。我不清楚这些房子是几百年前一直保留下来的，还是当代人为了搞这个"老城"景点而模仿搭建的。反正，从我们看到的这些建筑及里面的陈设来判断，当时北欧的生活条件远远不如我们的明清时期，这是令我们不曾想到的。当然，老城里也有稍稍后期的一些建筑，那就是非常漂亮的了，在一条小河的掩映下，简直就像在画中一样。

令我们感慨的是，类似的"老城"在我们国内也很多，比如一些江南古镇，但与我们把这些古镇搞得像假古董市场一样不同，他们的老城里没有丝毫的商业味，而是把它做成了一个耐人品味的露天博物馆。

逛完老城，我们都有些累了，时间也不早了，又到了该找地方吃饭的时候了。曾经路过一家泰国餐馆，张昱很有兴趣，褚馆长有些不以为然，结果，我们居然没找到这家餐馆的大门，所以作罢，还是决定到我们已经熟门熟路的"中国铁锅房"。

晚餐的铁锅房的菜品似乎内容更丰富些，除了常规的自助菜肴，还有一些可以自己挑选的新鲜蔬菜，每人自己把要吃的东西收拢后，交给厨师炒熟了再吃。这种服务价格虽然贵不少，但更是提升我们的食欲。

在这个过程中，我们发现，那些厨师一口东北口音，我们听起来很是亲切。

这种炒制方式其实很简单，厨师们事先配好了几种口味的调味酱，如鲜咸型、麻辣型和咖喱型等，然后根据客人的喜好选择一种口味，炒的时候浇上这种调味酱就行了。我又要感叹了，如此高深莫测的中国餐饮文化，到了欧洲，即便依然是中国人在操作，一样可以变成一种标准化的模式。这就是文化融合的力量啊。

第八日（6 月 22 日）

主要内容：约见青树基金会董事、逛海边和参观教堂

丹麦之行的主要任务圆满完成了，也许潜意识中有这样的信号，所以，这一夜睡得特别踏实，直到早上 7 点多才醒来，我算了一下，这应该是基本正常的睡眠时间，但感觉还是没睡够，我想应该是前几天欠账太多的缘故吧。看来，时差是已经适应了，但也到了该回国的日子了。

张昱约了青树教育基金会的一位董事在早上见面，所以我们在旅馆的餐厅吃了老一套的早餐后，就在大堂与这位董事单独聊了一会。这是一位热情得有点夸张的英国女士，她叫卡罗尔·普莱斯利（Carol Priestley），供职于一个叫 NIDA 的与信息和数字资源相关的组织，但她显然对国际图书馆界的情况非常熟悉。在这之前的会议中我们已经相识，只是还没有过详细的交谈。在前两天的闲聊中我们得知，她的先生在 20 世纪 60 年代就曾在中国待过一阵，而且至今能说一口流利的汉语。无疑她对中国是友好的，否则她也不会有兴趣成为专门资助中国西部中小学的青树教育基金会的董事。

因为已经相识，所以见面并不拘束。褚馆长倒是很与国际接轨，夸她的衣服穿得很漂亮，她则用更加夸张的表情赞扬了一番褚馆长昨天的

演讲。很自然地，气氛顿时变得很愉悦。

　　卡罗尔简要介绍了一下自己的经历，从她的介绍中得知，近二十年来，她一直在世界的许多欠发达国家开展图书馆事业的支援工作，对全球的图书馆事业有比较深切的了解。从这个意义上说，她对杭州图书馆所取得的成绩的夸赞也是由衷的。

　　几天下来，褚馆长心里其实对国际图书馆界的情况已经了解得差不多了，只是他很关心的有关图书馆绩效评估的内容，因为昨天在苏珊处并没有获得比较满意的信息，所以，又向卡罗尔提出了类似的询问。她的回答与昨天苏珊的回答很相似。看来，整个图书馆界对绩效评估并没有形成一个比较一致的认识，定量的评估更难以得到广泛的认同并行之有效，更多的还是停留在定性的和局部的阶段，作为图书馆向相关政府机构提交图书馆价值的一个参考。

　　因为卡罗尔还要去参加一个小型会议，张昱则有兴趣去参加一个形式更为自由的会后活动，所以，我们聊了半个多小时后便结束了。

　　按理说，今天是我们唯一有时间可以自由逛一逛的一天，但褚馆长似乎身体欠安，浑身无力，只想睡觉，哪儿也不想去逛了。我想，他这几天也算积劳成疾吧，每天行程排得很满，而且睡也不妥当，吃也不对胃，自然无精打采。于是，我只能独自出去逛逛了。馆长只给我提了一个要求：中午回来时给他带一碗方便面来。

　　我心里只有一个简单的想法，到了一个海滨城市，怎么可以不到海边走走呢？于是，我独自拎着相机，向总台服务员问清了海滨的方向后便出发了。这是我比较喜欢的方式，毫无目的，毫无牵绊，随心所欲。

　　老天一如既往的阳光明媚和蓝天白云，再加上清凉的海风不时掠过，它以热情而多情的态度欢迎着我，我没有理由不心情舒畅。我沿着一条静谧而排列着许多特色小店的街道向海边方向走去，一路上，许多特色商品就陈列在路边的人行道上，并没人看管。每一个经过的路人不进小店都能大致知道这家店在卖什么。这无疑是商家最便捷的广告方式，它也因此成为这条街上的独特风景。不过，这种方式得有一个前提，那就是治安得足够好，行人得足够文明，要不然，这些商品早就被顺手牵羊了，我想。

这条道比我想象的要长得多。这就意味着，这座城市比我原来自以为是的认识要大得多。除了特色小店，这一路上还有许多公寓，一看就是有些年头的经典欧式建筑，但这些建筑与我们所住的市中心大量风格古朴的建筑不同。我发现，越接近海滨，建筑风格越轻松，外墙的色调越淡，海滨味越浓，给人感觉完全不同于市中心的庄重。显然，这城市的布局还是很有讲究的。

走了近半个小时，我的眼前豁然开朗，终于看到海了。其实这儿的海边并没有什么特别，它并不是那种适合游泳或晒太阳的海滩，也不是那种充满摩登商业氛围的街区。沿着海滨，只有大片的草坪，是非常大的一片。草坪靠近大海的一侧停着一些小船，我不能确定是不是小渔船，但我见到了一些像渔民模样的人在修理船只。草坪靠近陆地的一侧是一条长长的步行道。我听说，这条步行道一直沿着蜿蜒的海岸线绵延几公里。我还知道，沿着这条步行道正陈列着大量的雕塑作品。这是这儿夏季海滨的一个重要文化活动。因为想着要中午给褚馆长带回方便面呢，所以不可能沿着步行道完整地走一遍。

看得出来，对当地人而言，这时候是他们的黄金季节。我不能说这一大片海滨草坪上人头攒动，但应该说人的确不算少，有一些人直接就躺在草坪上晒日光浴，更多的是大大小小的学生到处跑来跑去，一副欢快的模样，类似于国内学生的春游吧。

我看看时间差不多了，带着满足的心情原路返回。一路上又经过那些特色商店，几次驻足在路边商品前，有些商品的确漂亮、精致、富有特色，价格虽贵但还不算太离谱，所以有那么几次购物的欲望在涌动，但再转念一想，买这些东西的目的是什么呢？似乎找不到理由，所以，购物欲自然被扼杀了。我想，这就是我这半大老头与年轻人的区别吧，也许再往回推十年，我一定会被购物欲所打败。

回旅馆前，在旅馆隔壁的一家越南人开的小店里买了两碗中式方便面，这是早两天前我们就已经侦察好的，所以并不费事。其实那面是韩国产的，但看上去很对路。我回到房间，烧水、泡面，褚馆长也睡醒了。我们美美地吃了一顿方便面，那味道很靠谱，与想象中的完全一致。称奇的是，这并不仅仅是一碗面，对褚馆长而言，它简直就是一剂良药。自此，他的肠胃恢复了健康，精神倍增。

下午美美地睡了一觉以后，我建议应该去参观一下当地一座有名的大教堂。褚馆长已经恢复了精神，自然有了兴致。正打算出门，接到张昱的电话说，奥尔胡斯图书馆的乐天请我们去结一下账，问我们是否方便。这是应该办的事，更何况，这么多天来，我的兜里一直揣着五千欧元的现金，那可是相当于近五万元人民币啊，正觉得负担重呢。

于是，褚馆长和我再次回到奥尔胡斯图书馆。馆前的广场上还是有很多人在聚集，我们又感叹了一回，这就是图书馆追求的"第三空间"啊。

乐天和张昱在馆门口迎候我们。几天会议下来，我们与乐天女士已经像老朋友一般，所以说笑着进了她的办公室。她与她的团队在同一个办公室，所以我们也见到了正在忙碌的亚可布和西德塞尔，他们都是这次会议操办的主力队员。后来我确切地了解到，奥尔胡斯图书馆这次主办如此大规模的国际会议，直接参与操办的就是乐天的团队，类似于我们的社会活动部，一共才六个人。我不得不对他们的工作效率又叹服了一回。

　　他们的办公室与我们所见过的这里其他办公室类似，不大，很朴实，但还是透出一种书卷气。特别是墙上并列挂着的三幅红黑色调的当代抽象画吸引了我的眼球。我顺口问了一句，这是你们馆员的作品吗？乐天告诉我说，这是他们馆拍卖来作为馆藏的。我心头为之一动，作为现代艺术作品，把馆藏作品直接拿来作装饰不失为一种好的保存方式，与藏在深闺人不识相比，它能更好地发挥作品的价值。

馆员办公室的现代艺术作品很耐看

　　结账的过程非常简单，乐天已经把所有的文件都准备好了，我们只要确认一下，付钱就完事了。临行前，我们又与乐天和亚可布以图书馆内的书架为背景一起合影，以资留念。

　　走出奥尔胡斯图书馆，我的心里还记挂着大教堂呢，所以，我催促褚馆长和张昱赶紧往教堂走。我担心教堂该到关门时间了。果不其然，当我们走到教堂大门口时，正好有一群人从教堂里走出来，他们看出我们想进去的样子，热情地告诉我们，教堂要关门了，赶紧进去。我们正想往里走，从里面走出来一位年轻人，显然他是来关门的。我们说明来意，希望看一看大教堂，年轻人礼貌却很坚定地婉拒了我们，他说明天早上你们可以再来。我们不死心，告诉他说，我们是从中国来的，明天一早就要赶飞机回国了，所以希望能通融一下，只要看几分钟就可以了。

年轻人显然是被我们的执着打动了，他主动说，你们是中国的基督徒吧，那就给你们一分钟时间吧。我们不置可否地表示了感谢，终于走进了教堂。一旦进了教堂，年轻人则完全变了态度，主动热情地当起向导，向我们介绍教堂的方方面面，还向我们了解中国的基督教情况。我们也趁机向他宣传了一回中国的宗教政策。

教堂内的空间环境自然给人以空灵而神圣的感觉，但我更感兴趣的是墙上的壁画。每一幅壁画都形象地记载了这个教堂的某一个重大事件，显然它们就是这个教堂的一部形象史书。因为说好只看几分钟的，不好意思耽搁太久，而且我们又都是基督教的门外汉，无非是看个热闹而已，所以，大致转了一圈以后，我们便识趣地退了出来。

已到晚餐时分，今天的晚餐按会议安排应该由我们自己解决，更何况，我们对会议安排的高价西餐并不感兴趣。商量一下，为保险起见，我们还是决定去已经吃过两回的那家"中国铁锅房"。我们熟门熟路地逛到那儿，正准备找位置坐下来，老板娘问我们是否订过座位。当得到否定的回答后，老板娘告知我们，已经没有空位了，至少要两个小时以后才可能会有空。这很令我们吃惊，因为今天既不是周末也不是什么节假日，在餐馆星罗棋布的市中心，这家中餐馆居然早早地就客满了。

无奈之下，我们只能另作打算。又逛了一阵之后，我们在街边空地上看到一块临时竖着的广告牌，看那图片好像还对我们胃口，而且价格也不贵。循着广告牌我们在不远处找到了这家餐馆。走进餐馆，发现其规模比那家中餐馆大多了，陈设是西式的，但还不错，看那样子像是一家土耳其风格的餐馆。好在这家餐馆是自助餐形式的，所有的菜肴、食物都已经一字排开罗列在餐台上。我们可以直观地看到菜品。巡视了一遍，虽不能说满意，但相比于那些高档西餐，感觉还能接受，于是便坐了下来。

应该说我们吃得还算欢，至少吃得不算太少，尤其是水果，品种多、质量好，还很新鲜，所以吃得更多。特别是张昱，她的饭量倒是一般，但吃水果的阵势着实有点令我吃惊，整大盘的水果拿了好几盘，一律干净彻底地消灭。

吃到尽兴，要结账时，我忽然想起来没有事先问过服务员是否能以欧元结算。也许是这几天我们用欧元都没碰到障碍，所以早就忘了丹麦人更认他们自己的克朗。事到如今，只能硬着头皮上了。当我向服务员提出以欧元结算时，果然遇到了麻烦。服务员明确告诉我他们只收丹麦克朗。这时候，我做出死猪不怕开水烫的样子摊着手说，不好意思，我只有欧元，你看怎么办。

服务员请我稍等，他打个电话给老板请示一下。电话很快打通了，老板也同意以欧元结算，但结算汇率却必须是 1∶6.5，也就是 1 欧元只值 6.5 丹麦克朗。要知道，当时实际的汇率怎么也得是 1∶7.5 左右。无奈，这是人家的地盘，我不便硬顶，明知被他们温柔地宰了一小刀，也只能认了。

总的来说，这是轻松愉快的一天，这一小刀就算是今天的调味料吧。

第九日（6 月 23 日）

主要内容：离开丹麦

作为在丹麦的最后一天，虽然早上有充裕的时间可以让我们睡个够，但我并没有像昨天那样睡得很实，早早地，不到六点就起床了，也许是潜意识当中有点归心似箭了吧。洗漱完毕，所有的物品都可以归位了，所以，除了电脑，我把所有的东西都按预想整装完毕。

褚馆长还如往常睡着，但我感觉他也并没有睡着，只是因为还不到他惯常的起床时间而已。我打开电脑，上了 QQ，直觉告诉我应该会有事。果然，我们馆的综合办唐晴主任和社会活动部何妨主任都在呼唤褚馆长，请示确认引进澳洲某图书馆的展览"光源自光"的合同。我不忍叫醒馆长，虽然何主任的口气中似乎希望能早点得到褚馆长的回复，我想再急也不差半个小时了。

令人惊喜的是，几分钟后我就找到自然叫醒褚馆长的办法。因为我在邮箱里发现了亚可布的来信，那位奥尔胡斯图书馆玩乐队的胖小伙发来的邮件。附件中有几个文件是他们乐队的音乐作品，我便打开音乐文件，故意把音量开得稍大一些。这样既能更好地欣赏音乐的效果，又能顺便叫醒褚馆长。

说实在的，音乐的确不错，其旋律和风格很像我们在大聚餐那晚和在大广场上听到的，那种味道显然就是丹麦音乐所特有的。据亚可布在邮件中说，在他发来的五首作品中，有三首是他们自己的原创，殊为难能可贵。显然，亚可布对褚馆长邀请他们乐队来杭演出表现出极大的热情，所以才会那么快地就发来了他们的作品。一同发来的还有他们乐队工作时的几张照片，看起来像那么回事。但他在邮件中也说到，他们乐队的 6 个人中有 3 个人表示非常乐意，但另外 3 人因为种种复杂的原因，暂时还定不下来，能不能成行还很难说。

果然，放了几首音乐后，我听到身后床上的褚馆长有动静了。我问，音乐好听吗？褚馆长慢条斯理却是肯定地说，好听，很阳光。我认为这个评价很准确。作为音乐门外汉的我们，如果还有更细微的评价，那多半是忽悠人了。

我赶紧打开何妨主任发来的合同文件，请褚馆长过目。他虽然对文本的个别文字还有些不够满意，但显然不认为有原则性的问题。远在万里之外遥控，我想他也不能太较真了。于是，我便通过QQ赶紧告诉何主任OK了。

褚馆长去卫生间洗澡了，这时，又一件神奇的事发生了。另一位同事王开花上线，在QQ上发了一个惊讶的表情，大概她很难得看到我们上线。问候过后，她居然神奇地问，馆长是不是在洗澡？仿佛她看到似的，我想，她的第六感实在太强大了。不过，她之后请示的事与洗澡相当无关，居然是关于在"文澜在线"网站开设党建专栏的事。仔细想想有几分好笑，这也算是做"秘书"的乐趣吧。

最后的早餐吃得相当平淡。各类食品依然相当丰盛却也一如既往地相同。我心里想着，要把还没有吃过的东西无论好不好吃尽量都尝一尝，实际也这么做了，结果没有给我任何的惊喜和惊悲。不过，在我离开餐厅前，我还是悄悄地往口袋里塞了三个白煮蛋，以备不时之需。

11点钟的机场巴士，抓紧的话，我们还可以有个把小时的时间向奥尔胡斯这座美丽而经典的北欧古城告个别，但我们似乎兴致都不高，恰好天又阴了下来，感觉要下雨的样子。我们担心拖着行李到乘坐机场大巴的雷迪森酒店的途中，如果遭遇下雨就有些狼狈了，所以决定宁可早点出门。无疑，我和褚馆长对拖着行李穿街过巷都有点心有余悸。

退房时，总台服务员表现出惊讶的表情，她问我，你们确认要退房吗？原来，她的电脑中的记录是我们应该明天退房的。看来，奥尔胡斯图书馆有点把热情用错了地方，给我们多订了一天的房间，好在房费是他们结的，多少都跟我们无关。

不过，服务员还是给了我们一份实在的惊喜。她递给我一只大信封，告知我说是有人留给我们的。我打开信封一看，是一大叠资料，稍稍翻一下我就明白了，这是会议第一天丹麦图书馆协调处长官索豪格先生的主旨发言的材料。真是神奇，这份东西正是褚馆长很想得到，那天反复叮嘱我在现场拍摄的。我正想着要去 NEXT LIBRARY 网站找找，看看能否下载一份完整的材料，他们居然主动送过来了。奇怪的是，我们并没有向会议主办方索要过这份材料，而且送材料的人也没留下姓名。我们只能叹服他们对我们的了解和工作的细致入微了。这个细节，已经足够抵消主办方让我们自己拖行李奔赴机场的不爽了。

很幸运，太阳又出来了，我们没有狼狈。我和褚馆长拖着行李慢悠悠地在大街上闲逛，他一扫多日的萎靡不振，显得很有情趣，途中又钻进一家超市想买些东西，曾对一只用椰子壳做的看上去有些古朴的花瓶来了兴致，因为我的不够热情的支持，他只好作罢。

到雷迪森酒店时间尚早，但机场大巴来得更早。没有别的乘客，只有一位五十开外的大巴司机。我们一边等着张昱从她的酒店过来会合，一边与司机闲聊。显然，司机是一位典型的当地蓝领，他的英语并不比我好多少，很多词汇因为不知道怎么说，只好变着法子来表达，但基本没有影响我的理解。他有三个女儿一个儿子，虽然大巴司机的工作每天都要排班换班，工作时间并不固定，但他非常满意他的工作。从与他的闲聊中可以体会得到当地人良好的心态和对工作的态度。

褚馆长的英语水平似乎大有长进，他居然也能连蒙带猜听懂了很多我与司机的聊天内容，遗憾的是，我们已经到了打道回府的日子了，他没有更多的机会来进一步提高他的英语水平。

　　机场在离奥尔胡斯一百多公里外的另一座小城 BILLUN，中间还要经过另外两个小城。一个半小时的车程给了我们足够的时间欣赏沿途的风光。看不厌的蓝天白云，满眼的葱绿和一望无际的麦浪，我感觉自己没有足够的文字功力来表达这种美。这种美没有令人惊叹的力量，却令人心旷神怡。我想，最俗的一个词或许是最恰当的：风景如画。

　　也许，连续十来天的沉浸在美景之中，已经有些审美疲劳了，我们并没有聊很多关于丹麦的美景。更多的时候，是张昱以她对图书馆事业的极大热情与褚馆长探讨着图书馆未来发展的蓝图及明年合作会议的诸多设想。对此，我只能说要好好学习她的一腔热忱，并向她致以敬意。

　　之后的旅途相当顺利，虽然遭遇了最严厉的安检，但也享受了曾在宁波大学学习中文的丹麦女孩提供的热情服务。回程的飞机比去程更舒服，时间也短了一个多小时，所以，并没有去时感觉那么折腾。也许，还因为回程少了一份忐忑，所以也就更淡定了。

我心中的丹麦，像这面墙和邮箱，够简单、够多彩

第十日（6月24日）

严格地说，这第十天已经不在丹麦了，但它还是丹麦之行的一部分，更何况，《丹麦十日谈》也需要有一个句号，所以，还是要写几句。

应该说，这一天是在一万米的高空中不知不觉到来的，具体哪个时刻到来也说不清，因为我们正在不停地穿越一个又一个时区回到北京时间。但有一点是肯定的，这一整夜我没有睡着，尽管很多时候我闭着眼试图睡着。后来我问褚馆长，他说他也没睡着，按理他是很能睡的。我不清楚他没睡着的原因是什么，但我没睡着肯定不是在总结丹麦之行，虽然不时会有美好的片段或熟悉的人物跳到眼前。说实在的，我不知道我为何彻夜未眠，我也不知道我在想什么。

然而，没睡着也带给我额外的收获。因为航班时间较好，大部分的时候云层较薄或干脆无云，我的座位又正好靠窗，所以，这一整夜的大部分时间我都可以清楚地看到一万米之下的世界。从郁郁葱葱的欧洲大陆，到无垠的海面，再到白雪叠嶂的山峦，再变成无边无际的沙漠，再逐渐由黄转绿。其间偶尔会看到蚯蚓似的河流，细丝般的公路，星星点点的城市建筑，虽然我不知道下面具体的地点，但我知道我目力所及的那个点正有无数个生灵在忙碌着。我脑子里忽然转过一个念头：这似乎是上帝在巡视他的领地。不过，我很快否定了这个想法，上帝还需要巡视吗？芸芸众生一切尽在他的掌中把玩。

从荷兰阿姆斯特丹到上海浦东的十小时旅程很快就过去了，比去程舒服很多，也比思想准备中的要轻松。下机前遭遇了形式主义的检疫；机场出口因前来接机的张慧鑫和王午萌兄等错了航站楼耽搁了一会儿，这些都不能算麻烦，是顺利旅程中的一部分。褚馆长终于在从浦东回杭的汽车中酣然入眠，尽管他还嫌车子有些颠簸。正如王午萌兄所言，你是在自己馆的车子上啊，终于是自己的地盘了。

到达杭州已是晚上 7 点多，我们都有了些饥饿感。褚馆长提出去他熟悉的"咱家水饺店"填肚子。最后，丹麦之行的句号画在六大盘"咱家水饺"上，虽免不了韭蒜的臭味，但那是香的。舒坦！

现在，该写总结了。

1. 丹麦在拓展公共图书馆服务领域方面，无论是理念还是行动，都远远走在我们前面，值得我们好好学习。

2. 在数字图书馆发展方面，欧洲并没有比我们先进，与我们几乎是同步的。只要我们努力，完全有可能走在他们前面。

3. 在公共图书馆绩效评估方面，欧美各国图书馆各有各的做法，但我们是希望有一个站得住脚的关于公共图书馆社会效益和经济效益的说法，但似乎都没有一致认可的方法。当然，我们可以通过借鉴学习他们的体会和经验来设计我们自己的绩效评估方案。

4. NEXT LIBRARY 的会议形式生动活泼，有利于集中和调动所有与会者的思想和智慧，值得我们在以后承办会议甚至内部的工作会议中借鉴。

5. 丹麦各公共图书馆，从国家馆到各基层社区馆，都具有创新的思维、极高的效率、严谨的作风和高水平设计的特点，使人印象深刻，特别值得在我们今后的工作中学习和借鉴。

6. 通过参与国际会议，可以更有效地获取信息、交流经验、与国际同行交朋友，这是争取地位、跻身国际主流图书馆的有效方式。

7. 褚馆长的主旨演讲取得了巨大成功。这要归功于我馆已有的工作成绩、充分的会议准备和他的现场发挥，同时，也与国际同行对中国图书馆的发展现状知之甚少有关。

8. 丹麦的人很高大，丹麦的人造空间多半狭窄，这是否与他们的海盗文化有关？或者也是他们环保低碳理念的根源？

9. 最后，向小美人鱼说声对不起，这次没能来看你，留待下次吧。

现在需要研究的是如何打造我们心中的图书馆

真的累了，该睡了。明天，杭州会有一个火热的太阳。

2011 年 7 月 11 日定稿于杭州

欣喜的参与：
荻浦乡村图书馆

2016 年 4 月 23 日，世界读书日，在杭州市所属的桐庐县郊区，一个叫荻浦的村子里举行了一场朴素却隆重的仪式，"荻浦乡村图书馆"正式挂牌迎客了。

荻浦村是一个有着 800 多年历史的传统村落，它的经济发展不见得非常优越，但以孝义文化为特色的中国传统文化和民俗却在这里得到了很好的传承。这个在如今看来交通便利的村子，刚刚发展起以花海为主要特色的农家乐旅游产业，吸引了不少城市游客，但与大城市相比，这里的村民，特别是孩子们，能够享受到的文化服务和活动还是相对较少的。于是，一个叫"心远公益"的民间公益组织经过多方考察、权衡，最后决定在这个村子里建一个纯公益的乡村图书馆，其主要目的，就是要让乡村的孩子们能够获得更多的文化熏陶，从小养成求知阅读的习惯。同时，也希望通过这里的农家乐旅游产业，把他们的理念和公益模式传播到更多的地方，惠及更多的乡村百姓。

我有幸参与这个项目的落地并指导开展日常运行，也算是机缘巧合。早几年前，这个"心远公益"的负责人，当年还只是一位充满爱心和求知欲的普通妈妈，她经常来杭州图书馆借书看书并参加各种活动，也算是充分体验过杭州图书馆的服务的。有一次来听我的关于子女教育的沙龙讲座并与我有较深的交流，从此便相熟了。

当她与几位志同道合者成立"心远公益"组织后，他们做的第一件事，是以一种无私的情怀接替另一家曾经很成功但已经宣告关闭的公益组织，持续支持远在云南巧家县的一个民间公益图书馆，使这个濒临关闭的文化家园得以继续服务于当地的孩子们。之后，他们感觉还稍有余力，希望在杭州附近再建立一家乡村图书馆，把他们的公益理念继续发扬光大，这就是前面提到的获浦乡村图书馆。

也许我们彼此在很多观念上相合，也许因为我是一名图书馆员，有一些图书馆学专业的知识和经验，这位充满爱心的公益妈妈找到我，希望我能为他们计划建设的这个乡村图书馆出点力。感动于他们的这份公益之心，我毫不犹豫地答应了她的邀请，并在之后的筹建、选址、馆舍布局和服务运营等诸多方面予以力所能及的支持和帮助，并邀请了另外一些朋友共同来为这个项目做奉献。

这个乡村图书馆的唯一馆员，一位爱阅读、有情怀的年轻妈妈，正在引导孩子们阅读

我以为，这家图书馆的落地开馆，并不是只要有一份大爱心就够的，它的背后，还需要有清晰的理念、创新的模式和广泛的认同感。这正是它难能可贵的地方。

● 清晰的理念

作为一家纯民间的公益组织，他们清楚地知道，在没有政府支持的情况下，创办这家图书馆是要承担一个持久的沉甸甸的责任，不是一时爱心泛滥就可以的。而且，他们也充分确认了建立这家图书馆的初衷和目标，那就是要以他们力所能及的力量，尽可能让城乡的孩子们平等地享受文化服务，培养出热爱阅读的乡村新一代。他们没有好大喜功，没有追求轰动效应，而是悄悄地在繁华大都市边上的一个县城郊区，建立了这样一个规模不大但温馨实用的小图书馆。

你可能会问，他们为什么不把这家图书馆建到更偏远落后的山村去，那边的孩子们更需要这样的图书馆。道理上是对的，但他们有更现实的考量。因为他们深知，他们的能力有限，如果建到更偏远落后的山村，就意味着执行力会大打折扣，甚至导致失败。而且，更偏远落后的山村更需要的是物质层面的支持，建立图书馆很可能会陷入不受欢迎的尴尬境地。所以，这样的选择恰恰反映了他们有清晰理念的支撑。

在日常运行中，他们也有很明确的想法，就是要通过丰富、生动的各类活动来吸引读者，带动阅读，而不是简单生硬的填鸭式阅读推广。因此，他们有意识地吸引各行各业的志愿者团队来馆陪孩子们玩游戏、做手工、搞活动、排绘本剧，甚至主动到村幼儿园去给孩子们讲故事。通过这些丰富的形式和方法，让孩子们喜欢上图书馆、喜欢上图书，这样，阅读就成了水到渠成的事。

● 创新的模式

这是一家完全在政府公共图书馆体系之外的公益机构，它既得不到相关的指导，也不受行业体系的约束，更没有财政经费的支撑，只是作为一个非营利性社团组织而注册存在，它的模式的好坏决定了它的健康和生存。在这一点上，这家乡村图书馆办馆宗旨和服务是值得称道的。

在筹备和建设阶段里，由于还看不到成果，大家疑虑多多。为了确保该馆顺利开张，"心远公益"在理事会议中明确各位成员的分工，各司其职，由组织负责人总牵头，重大事项则通过理事会表决通过，从筹款、选址、设计、建设，到馆员招聘和制度建设等，事无巨细，但所有这些工作都是理事会成员分工协作，在业余时间完成的。

进入日常运行后，图书馆开馆的现实成果已经呈现，自然得到了当地村民和政府的认可，但"心远公益"深知，这家图书馆要想长久、稳定、健康地存续下去，特别是要真正惠及百姓，是离不开当地村民和政府的强有力支持的，所以，"心远公益"不久就提出了要让这家图书馆的管理逐步实现本土化的目标。不久，他们通过与村委会充分沟通后，成立了"荻浦乡村图书馆"理事会，这个理事会的成员，除了"心远公益"的代表外，也吸纳了村委会代表、乡镇分管文化的干部、村里的乡贤、本村在外创业的企业家以及与本村有各种关联的热心文化和公益事业的其他人士的参与。至此，凡是与该图书馆发展相关的重大事项都通过理事会协商确定，并明确了哪些事项应该由村委会主导解决，哪些事项由"心远公益"持续主导。这项制度的安排不仅让本地村民和村委会有了话语权，也调动了他们的积极性，让这家图书馆由外乡人的爱心成果变成了本村人的宝贵资产。客观上，这也让"心远公益"得以腾出更多的精力和资源去考虑发展新的公益项目。

志愿者正在图书馆门前的空地上教小读者们跆拳道

● 广泛的认同感

认同感的产生首先是与"心远公益"无私的公益之心密切相关，但对于素不相识的人来说，仅靠公益之心是不能获得认同感的，因为受益者未必能完全理解他们的无私爱心，习惯于以各种世俗的功利目的来揣测他们。

"心远公益"最初确定将项目落实在荻浦村时，除了得到个别热心文化事业的乡贤支持外，大部分村民都是无动于衷，村委会的关键性人物更是疑虑重重，冷眼旁观，根本谈不上欢迎和支持，因为他们无法理解这样一群与本村毫不相干的人会把大量的时间、精力和金钱投到村里来却不图任何的利益回报。但"心远公益"通过真诚的沟通、广泛的协商和严谨的工作，终于打消了各方人士的疑虑。当我作为"心远公益"邀请的专家去现场考察选址时，他们居然邀请到了现任和前任村委书记、乡镇有关领导、村里的乡贤和企业家代表等各方面人士共同来商讨选址问题，最终在村委会的支持下，把处于村里中心位置的一栋新建仿古建筑拿出来作为图书馆的馆舍，为后续的发展打下了良好的基础。

在之后的日常运行中，一方面有清晰的理念支撑，另一方面又有图书馆员的踏实工作，使得该馆在不到一年的时间里就得到了社会各界的大力支持，各项活动丰富多彩，社会捐助持续不断，甚至得到了当地政府的关注支持。目前，该馆不但有多个志愿者团队经常来馆服务，也得到了政府财政的一定补助。同时，它的良好的社会声誉也在不断扩大。

村里的老婆婆也开心地加入图书馆的活动，教孩子们编织传统麦草扇

2017 年 5 月 20 日，我有幸被邀参加荻浦乡村图书馆的周年庆，这同样是一个节俭却隆重的活动。这家图书馆的关爱者和受益者们欢聚一堂，志愿者们奉献精彩的演出，受惠的孩子们展示他们的成果，村民们也拿出他们的保留节目，游客们驻足观赏，不忍离去，所有人都喜气洋洋。这是在乡村很少见到的欢乐的文化场景，但几乎没花什么钱，也没

有政府的组织实施，所有的活动都是围绕一份公益之心而自发展开的。

　　与政府主导的公共图书馆体系相比，这家乡村图书馆的存在实在微不足道，但它却以温暖、高效和节俭的方式，实实在在地惠及了当地百姓，填补了体系的空缺。由于它更务实、更接地气，因此，在很多方面，它甚至比专业的公共图书馆做出了更有效的成果。这样的图书馆，这样的模式，值得大力推广、大力宣传。衷心希望有更多的"荻浦乡村图书馆"的出现。

2017 年 6 月

碰撞：创新与坚守
——意大利米兰图书馆交流行纪

2018 年 3 月 8—28 日，受惠于杭州图书馆与意大利米兰图书馆的馆员交流合作项目，我与同事寿晓辉一同前往意大利米兰，展开为期三周的业务交流活动，其间还参加了"今日图书馆（Biblioteche oggi）"国际论坛、米兰国际书展和博洛尼亚国际儿童书展等大型活动。三周时间，我们每天早出晚归，马不停蹄，走了、看了、听了、聊了、尝了，也欣赏了、体验了、震撼了、感动了、思考了。真累！当然，我们收获了之前不曾预想到的、丰富且宝贵的信息和体验。这些收获中，其中有大量是纯业务交流之外的，或者是零碎的，很难写进正规的总结中去，但我认为，有些零零星星的收获甚至具有更大的启示价值，因此，我决定以日记的形式，尽可能生动、完整地记录下这三周的独特经历，既便于记录这林林总总的信息，便于之后的回忆整理，也可供同事和朋友参考。

考虑再三，我决定把这篇纪实性的文字命名为《碰撞：创新与坚守》，原因是，我个人以为，这次经历给我提供了一个对照和比较的机会，我也因此在如何理解创新与坚守的关系上获得了最多的感悟。

3月7日，晴：出发

3月初，正是全馆各方面工作全面启动的时候，很忙。然而，赴意大利米兰图书馆交流计划的日期是年前就确定并经市外办批准确认的，不容更改，更何况，新到任的应晖馆长很支持这个交流计划，希望我们能够借此机会很好地宣传、展示杭州图书馆的工作和成果。

事实上，作为这个交流计划的一部分，早在去年秋天，米兰图书馆就已经派出过两名馆员，分别叫马修（Matteo）和圭多（Guido），来我馆考察交流，并与我馆多名馆员建立了友谊。为了方便联系和沟通，寿晓辉在我们出发前的近一个月就专门把他俩和我俩拉在一起建了微信群，所以，我们虽然还未出发，但在微信群里已经聊了不少。

上午，本打算在家整理行装的，但之前馆部已约好几位馆外的专家，要召开品牌建设讨论会，所以我还是拉上行李准时上班，参加这个会议。会议颇有成效，但直到12点才结束。食堂里吃了午餐后，我抓紧时间眯了一会儿，养足精神准备迎接这次为期三周的出国大差。

下午2点，我与寿晓辉会合后，准时从馆里出发。按计划，我们可以乘坐地铁—高铁—地铁—磁悬浮，虽然中间会有多次换乘，却可以不惧风吹雨打，在不见太阳的情况下直接抵达浦东国际机场，入住我们事先预订好的大众空港饭店。我们拖着行李，经历了数不清的安检、上车、下车，但过程还算顺利，下午6点左右便办好入住手续，住进了房间。然而，刚刚稍事休息，正准备找地方吃晚饭时，我忽然发现一个把我吓出一身冷汗的问题：我的双肩背包不见了！双肩包里有我的护照和这次意大利之行的所有最重要的文件，要是真的丢失了，这次旅行将还未开始就该结束，而且，我无法向信任我并为我提供此次交流良机的馆部领导交代，甚至会影响到这个国际交流计划的实施。

外事无小事啊，其后果简直不敢设想。与寿晓辉冷静回忆分析后，我们认为最大的可能是，在磁悬浮站的进站安检时，我把双肩包丢在了安检台。于是，我们以最快的速度找到磁悬浮到站处的服务中心报失。谢天谢地！透过服务中心的玻璃隔断，我看到了那包正静静地躺在里面等待我的认领。我不知道在我遗忘之后，这包经历过怎样的故事，反正它最终被送进了到站处的服务中心。几分钟后，填写完一份复杂的表格，这包又回到了我手里，身上的冷汗彻底收回，心情大好！

事后想想，这也算是一件好事。正式开始意大利之旅前，它给了我们一个大大的提醒：当心！当心！当心！这之后，每次行动出发之前，我和寿晓辉都会相互检查和提醒一下。

3月8日，晴：途中，到达

浦东机场早上9点多的航班。因为就住在机场的宾馆里，我们可以从容地起床、吃早点、退房，然后从从容容地拖着行李来到值机柜台办理登机手续、安检、出关。25年后再次乘坐瑞士航空，依然给我良好的印象。上一次搭乘瑞航还是在省农业厅工作的时候，赴印度参加联合国粮农组织举办的一个培训班。一晃25年过去了，我也从"小鲜肉"变成了"大伯"，似有穿越之感，但瑞航给我的感觉一如既往，没有美女空姐，只有两个字：舒服。

飞机准点起飞，12小时的单调飞行，乏善可陈，唯一让我有所感动的还是瑞航的考究服务，连个普通航餐都配有一张极具设计感的菜单，只是味道不敢恭维。我还是一如既往地腰酸背疼，难以入眠，到达苏黎世国际机场转机。与浦东机场的熙熙攘攘和明亮气派形成鲜明的对照，苏黎世机场明显给人冷清甚至有些阴暗的感觉。而给我感触更深的是它的有序、严谨和慢节奏。事后才回过神来，我们的目的地虽是意大利米兰，但因为申根签证，我们的入关手续是在苏黎世办的。总共才一名大妈级的通关办事员，算上我们也就四五位通关旅客，却等了近半个小时才完成，幸好我们有足够的转机时间，也就入乡随俗，听天由命地等着。到了候机区，原以为在欧洲最富裕的城市机场，怎么说也该有些富丽堂皇的设施，闪亮时尚的帅哥美女才对。结果令人失望，甚至我想找一个饮水点都没有，只能到洗手间接一点自来水解渴。转念一想也对，也许这才是一个文明富裕国家应有的特质：设施朴实无华，人口相对老龄化，而自来水是等同于饮用水的。

准点再飞第二程，这一程很短，只需 50 分钟就可到达米兰，其实就是飞越阿尔卑斯山脉。我们很幸运，这一程正好是在傍晚落日时分，而且晴空万里，于是，这 50 分钟的飞行变成了俯瞰阿尔卑斯山脉和环境地貌的空中旅游。传说中层峦叠嶂的皑皑雪山、浓密的森林和湖泊、规整如几何图案的大片农地皆历历在目，配上玫瑰色的落日余晖，只能用"惊艳"二字来形容我们之所见。飞行途中，我们不停地用手机拍照，试图记录下我们眼中的惊艳风景，结果却总是令人失望，最后只能作罢。原来，真正的美丽只能是眼见为实的。

米兰机场的办理手续的过程出奇的简单，行李到达迅速，没有出关手续，没有安检，没有任何的盘问，我们不知不觉间就出了机场到达区的大门。一如期望，跨出大门就见到了早已在迎候我们的马修和圭多了。因为之前在杭州就见过面，而且早就在微信群里聊过，我们彼此毫无陌生感。热情的拥抱和贴面吻礼之后，我们坐上了马修的私家车。

从机场到我们的住宿地共 50 来千米的路程。以前曾听说除了中国，世界上已经很少有收费的高速公路了，事实并非如此。出了机场，我们就上了高速入口，而且需收费，不过价格显然比中国便宜得多，几十千米的路程，似乎只需不到 2 欧元。沿途的风景令人失望，没有看到任何想象中古典而时尚的米兰影子，没有美丽的绿化，没有斑斓的灯火，也没有古老的欧式建筑或现代大楼，只有一些如火柴盒般乏味的方形建筑，而且通常也就五六层高。但我们相谈甚欢，得知这一天白天米兰公交工会罢工，交通有所影响；得知意大利大选刚刚宣布，结果令他们迷惑不解。还有，正值三八妇女节，意大利也很热闹，男人们通常会送一种黄色的含羞草花给女性。这倒挺出乎我的意料，我以为如今只有中国才特别把三八妇女节当回事。因为据我所知，三八节来源于美国的女权运动，带有一定的政治色彩，如今连美国都不过这个节了。没想到意大利还把这个节过得如此浪漫，这倒是与中国现代文化不谋而合的。

一小时的车程才到达住宿地，环顾四周，同样没有我想象中米兰的样子，倒是更像中国某个三四线城市的住宅区。后来我们知道，这个地方叫塞斯托-圣乔凡尼，严格地说并不属于米兰，而是米兰的一个郊县，类似于杭州的萧山或余杭，但交通还算方便，一号地铁线到达此地，可直达米兰市中心。住宿条件比我想象中的好得多，这是一幢公寓式的民宿小楼，一共才4层，我们被安排在顶楼，一人一小套，内部厨卫、暖气等设施齐全，还有一个小阳台，200米外就有一家超市。

图书馆人做事情还是靠谱的。我们一放下行李，马修和圭多就把事先准备好的东西拿出来一一交代给我们：公交卡、旅游小册、地图、汉意辞典、书展券、歌剧院和球赛门票等一应俱全，居然还为我们每人准备了一部带有2个G流量的当地手机。米兰图书馆的周到安排颇令我们感动。

这时已过晚上8点，正是当地用晚餐的时间，他俩领着我们步行近10分钟，来到一家生意挺火的典型意大利餐馆，这才得知，他们馆已经在此餐馆预付了8次餐费，此间我们可以随时来这里刷脸用餐。他俩没有陪餐，估计是他们的财务并没有陪餐这一项预算，我们初来乍到，不谙套路，自然不便挽留。于是，他俩吩咐了一通餐馆老板便告辞了。老板递上菜单，这时候，我们碰到了到达意大利后的第一个问题，菜单上只有意大利文没有英文，而餐馆里居然没人懂英文，我们完全成了文盲和哑巴，于是，只能比画着胡乱点了一通，结果上来的是一个大比萨和一份三文鱼意面，外加一杯红酒。应该说，我虽然不会喝酒，但感觉酒的口感还不错，但主餐味道实在一般。

也累了，不计较这些。酒足饭饱外加劳累，赶紧洗洗睡了。可惜因为时差，这一晚，只睡着了近两个小时。

3月9日，晴：初访米兰图书馆、徜徉米兰文化经典

因为失眠，5点就起床了，正好可以整理一下行李，为即将到来的交流任务做一点思想准备。房间里的橱柜足够大，可以很宽裕地、分门别类地放下我所有带去的行李衣物和资料，仿佛我要在此久住似的。然后，又对房间里的各种设施研究了一通，咖啡机、灶具、电动窗帘、暖气、抽水马桶、水龙头等都很好用，不似有的宾馆，只能将就着用。我给自己泡了杯咖啡，打开阳台门，静静地看了一会儿阳台外的风景。眼前的景色再一次证实了昨晚之所见。这里只能算是一个小县城的住宅区，没有任何别致的风景，除了我们楼下的一个小院子，甚至也没有什么绿化，但是很安静。

昨晚就了解过，我们宿舍200米开外的超市，居然7点半就开门了。估计寿晓辉也睡得不够好，同样早早地起了床，我们便一起去了趟超市。这家超市不算很大，但也不算小，主要以销售食品为主，只要是日常吃的东西，基本上都能买到。我们买了些水果、蔬菜、面包、肉类、鸡蛋、豆浆、酱油、醋、盐、果酱、沙拉酱等食品和佐料，打算自食其力。一大堆东西，居然只需20多欧元，刷银联卡结账，真心感觉

便宜且方便。回来后亲自下厨，忽然发现居然忘了买油，只能做无油煎蛋。幸好有不粘锅，而且调料丰富，外加咖啡豆浆果酱面包，味道不错。这便是我们到达意大利后的第一顿早餐。

按照昨晚的约定，马修准时 10 点来到我们宿舍，陪我们一起走访米兰图书馆中心分馆。走 15 分钟左右来到一号线地铁站，原来，这里是一号线的起点，站名是意大利文的，我们不识，也读不好。马修解释说，这个站名的意思是 May Day，5 月 1 日，挺好记的站名，这导致我至今也不知道这个站的确切站名，只记得 May Day 了。半小时的车程，到达市中心的 DUOMO 站。这是米兰市真正的最中心位置，相当于北京的天安门广场吧，之后我们许多的活动都先到达这个站，然后再转车。

走出地铁口，第一眼看到的就是蓝天映衬下的米兰大教堂的尖顶。不是一个尖顶，而是一群尖顶！我们瞬间被震撼了。之前早就知道米兰大教堂是全世界规模数一数二的大教堂，已经建了四五百年了，至今也没彻底完工，以奢华的哥特式建筑风格著称。如今咫尺目睹，俨然超出了我的想象。目力所及，这个大教堂前是一个巨大的广场，广场的四周全是恢宏的欧式建筑。这一刻，我忽然明白，印象和想象中的米兰并没有错，真实可信，甚至更好，就在这儿。

因为任务在身，我们没有在此停留，马修也没有多说什么，他带我们走过大教堂的侧面，径直走向米兰图书馆中心分馆的所在地。又走了 10 分钟左右，他指着一幢其貌不扬的老建筑说，我们到了。说它其貌不扬，实在是因为这 10 分钟的路程让我们结结实实地见识了太多经典欧式建筑，大多气宇轩昂，艺术范十足，相较之下，图书馆这栋建筑无论从规模还是细节上都不够吸引眼球。话说回来，要是把它单独挪到杭州来，它无疑会是一栋著名的历史建筑。

走进并不大的大门，便是一个大堂服务台的区域，让我们颇感吃惊。吃惊的不是这个大堂，而是大堂上正经站着的几位绅士。我正疑惑这几位站在这儿干什么呢，马修就把我们引到他们跟前。其中一位满脸花白胡子的小个子绅士用认真、低沉的英语开始向我们致欢迎辞，这时，我才恍然大悟，这几位是专门等候在这里欢迎我们到来的。他致完欢迎辞，抱歉地搓搓手，表示他还有工作，要暂时告退，专门请另外几位陪同我们参观全馆，然后，午餐后还会有一个简短的欢迎仪式。我赶紧奉上我们带过来的代表杭州图书馆的礼物。

事后我们才完全搞清楚，致欢迎辞的这位是中心分馆的馆长阿尔贝托·拉波尼（Alberto Rapomi）先生，而一直全程陪同我们的是已经退休的总馆老馆长阿尔多·皮罗拉（Aldo Pirola）先生、后来跟我们成为好朋友的克劳迪（Cloudio）和担任主要讲解员的麦西姆米莉诺·兰沙（Massimiliano Lanza）。如此强大的欢迎阵容和严谨的介绍令我们受宠若惊。麦西姆米莉诺领着我们参观了近3个小时，差不多跑遍了这家图书馆建筑的每个角落，甚至下了地下书库，上了房顶。随着彼此间的交谈和熟络，气氛变得更加融洽和随便，等最后爬上房顶，大家开始津津有味地听老馆长讲起这座老建筑和老米兰的老故事来，连马修和克劳迪都说这是第一次听到这些故事。

原来，中心分馆的这栋建筑已有200多年历史，原是一个大家族的私产，现在成为了保护性历史建筑，内部的所有格局都必须保持原样，并不能按照图书馆所需的功能进行改造，因此空间利用率很低。难怪馆内很多功能空间都是零打碎敲的，而且墙上随处可见经典的老油画和壁画。不光是建筑老，我们发现他们的服务设施、服务内容和服务方式也都比较老，坐着看书的也大多是老年读者，但一切都那么和谐自然、运转有序，保持着传统图书馆的那份宁静和神圣之感。让我们眼前一亮的是其中一间不大的展厅里，陈列着表现杭州自然风光和杭州人日常生活的摄影作品，这不仅让我们倍感亲切、熟悉，也是馆内唯一明亮的一片色彩。而与此形成鲜明对比的是大会议厅，它的四周墙上是一整幅表现自然万物被美妙音乐所打动的传统壁画，虽然色调陈旧，却透着世界名画般的强大气场，让人肃然起敬。老建筑、老设备、老服务、老读者、老壁画和老故事，老有老的好，感觉真的不错。

走访结束已近下午 1 点，这时，麦西姆米莉诺说有一位他的同事想送给我们一些东西，我感到颇为好奇。他领我们来到那位馆员的办公室，这时，我们才意识到，我们刚到馆时，她曾短暂出现过，后来跟同事嘀咕了两句就走开了，想来她并不是安排的陪同人员，而是专门来找我们的。见我们过来，她高兴地站起身，捧起两本书和一张纸递到我手上，并说了一通意大利语。我认真看了一下她递上来的那张纸，上面打印着的中文文字显然是用翻译软件译成的，虽不通顺，但我大致能理解她的意思。她说她特别热爱中国，热爱中国文化，可惜她没有去过中国，也不会说中文，送我们这些书是为了表达她的心意。我稍稍翻了一下书，一本是意大利旅游指南，另一本是儿童绘本。当时，我不知道如何表达我的感受，只能不断地说谢谢，并欢迎她去中国。从常人的理解来看，这位同事的行为颇有些突兀，她送的两本书也并没有特别的价值。这样的事，要是在中国，一定会当作不符合外交规矩的事而被禁止，但她就是想用这样的方式来表达她的感情，为什么不可以呢？事后想想，真是有些感动的。

午餐显然是事先就排定的，由老馆长主陪。他领我们来到一家离图书馆只有一个街区的典型意大利餐馆。这家餐馆的规模和装饰都一般，但人气很旺，估计在当地也是口碑不错的。在老馆长的推荐下，我们每人点了一份具有典型意大利风味的黄金烩饭，据说是由某种特殊奶酪和番红花制作而成的。说实在的，这烩饭的颜色漂亮，味道也新奇有趣，但对我而言，稍稍带点夹生饭的口感还是不太习惯。不过，作为对纯正意大利餐饮的体验，感觉还不错。饭后是一小杯意大利浓咖啡（Espresso），极苦、极香也极少，整一口还不够充满我的口腔。老馆长显然是一位有故事、有资历的意大利绅士，跟我们相熟了，他的话也更多，餐间又给我们讲了很多风俗和故事，午餐在意犹未尽中结束。

感觉米兰图书馆在行程安排和执行上还是挺严谨的，我们又回到馆里去继续那个简短的欢迎仪式。其实也没什么仪式，只是我们又与中心分馆的馆长拉波尼先生见了面，他捧出一堆早已准备好的图书给我们，主要是与米兰图书馆相关的文献资料，这是对我们送给他们礼物的回赠。感谢之余，我们一起合影留念。然后，拉波尼馆长又认真地拿出几张复印好的图片，又是写又是画，告诉我们 12 日去游览科莫湖的安排，甚至把约定碰头地点的那座雕塑图片都复印给了我们。对于他们严谨的工作作风，我们除了赞叹，只有感谢。

两位温和、严谨的绅士馆长兴致勃勃地向我们介绍赠送文献

下午比较轻松了，由马修带我们逛逛市区，让我们了解米兰。这回，我们可以从容地在大广场好好欣赏这个惊艳的米兰大教堂了。都说中国的景点到处都是人，也许，全世界的著名景点都一样，人满为患。今天这样一个极平常的日子，大教堂的广场上也到处挤满了人，如果要进教堂参观的话，还需要预约排队。我们不急，后面还有的是时间，所以没考虑进去参观，而是沿着恢宏的埃玛努埃莱二世长廊漫步，既欣赏了古典欧洲建筑艺术，又体会了米兰的时尚氛围，接着走马观花地逛了斯卡拉广场，这里有达·芬奇纪念碑和不远处的斯卡拉歌剧院，然后经过一条小道，穿过一座规模不大的植物园，再从某个后门走进了布雷拉美术学院。

一路上，马修轻描淡写地介绍着，我们自然也就没觉得这些地方的重要价值。对于从小生长在米兰的他来说，也许这些地方的确平常，而且他带我们走的路线肯定不是一条常规的旅游线路。直到我们走进学院内的布雷拉美术馆，我才又一次被真正震撼了。原来，这里收藏和陈列着文艺复兴时期直至 19 世纪末的大量世界名画。走着看着，忽然就不期而遇了《死去的基督》。这幅画我太熟悉了，是文艺复兴中期的 15 世纪的作品，以前在看画册时，我就惊叹作者居然敢故意选取一个难度最高、又缺乏美感的正面纵向透视角度来表现一个如此厚重的主题，它需要有极高的透视学素养和绘画技巧。现在，它忽然就出现在我的面前，实在大出我的意料。

出了美术馆，马修忽然心血来潮似的，对我们说："我带你们去看看国家图书馆。"我有点蒙，这里面怎么会有那么多上档次的好东西？国家图书馆又怎么会跑到米兰这么个美术学院里来呢？向马修询问了才明白，原来，意大利范围内原本有许多城邦，统一为意大利之后，每个城邦首都的图书馆就成了意大利国家图书馆的分馆，所以现在全国范围内有 9 家类似的国家图书馆，米兰这家便是其中之一。走进图书馆就被震撼到了！无数不知什么年代的古代图书就完全开放地插在层层叠叠的书架上组成顶到天花板的书墙，没有任何的保护措施，你可以随便抽出一本来翻阅。这不由得让我想起几年前在丹麦国家图书馆看到的情形。他们把一些也就是 18 世纪出版的图书当作至宝，为每一本书量身定做一个盒子，有序地存放在闭架书库里。相比之下，意大利人实在是太不把自己的宝贝当回事了。也许宝贝太多了，也就不感觉到宝贝了吧。不过，毕竟是国家级的图书馆，人家还是很牛的。想必是马修没有事先联系预约过，当我们想进入一间阅览室时，我们被谢绝了，马修再三解释也无济于事。

一天时间，看到、听到太多的事情，也被震撼了好几回，累了！晚上 8 点多，我们回到宿舍。因为嫌昨天晚上那家定点的餐馆不好吃，我们便又去了趟超市，搬回了大虾、鸡翅、鱼排、贻贝，还有葡萄酒等一大堆食材，晚餐自制。吃着聊着，直至晚 22 点，才上床睡觉。

3 月 10 日，雨：参观米兰国际书展、欣赏现代芭蕾

今天是周六，在我们的习惯中是可以放松一下的周末，但对米兰图书馆的同事们来说，没有周末，周六是照常上班的。所以，他们也为我们在周六安排了工作日程。我向马修打听了一下才明白，根据意大利的法律规定，公职人员的周工作时数是 35～36 小时，所以他们图书馆员的上班时间是每天连续工作 6 小时，每周工作 6 天。图书馆的开放时间正好是按每天两班制，每天开放 12 个小时，每周开放 6 天，周日闭馆。所以，馆员们往往是按工作排班表上上午或下午上半天的班。当然，这半天班是连续 6 小时，没有休息也没有吃饭时间的。相较于我们每周工作 5 天，每天有十来个小时在单位里，我似乎有点羡慕他们的工作

时制。

天公不作美，下起了绵绵细雨，而且还有点冷，这情形与杭州的冬雨极像，让人很是不爽。不过，我们有我们的任务，不敢懈怠。早早地用完自制早餐，我们抖擞精神赶往与马修约定的地铁口与他会合，然后再一起转乘另一条地铁线前往参观米兰国际书展。书展所在地位于米兰外环新发展的市区，如我们刚到米兰时所见的一样，这一带同样看不到古典的欧洲建筑，而是一些稍显凌乱、乏味的现代楼宇。不过，书展所在的会展中心倒是一处规模不小的建筑。

走进书展现场，虽没觉得有什么特别惊艳的场景，但感觉书展规模还算不小，也很热闹。后来了解到，这个书展也算是米兰新创立的一项文化产业活动，今年才第二届。毕竟是新创立的展会，知名度还远远不够，所以，虽名为国际书展，其实绝大多数参展商都是意大利本土的，只有少量欧洲其他国家的出版商，也很少看到英文图书，更没有中文的。我们就像文盲走进了展场，几乎看不懂所有的图书内容，只能面对花花绿绿的各色图书凑个热闹。当然，会场中也不乏各界大腕来为出版商助阵，出席各种荐书、讲座活动。

我们还凑巧碰上了国际米兰足球俱乐部的 110 周年生日和纪念画册首发式，众多嘉宾云集。似乎正好有某位大牌球星到场助阵，引来大批球迷的跟随和围观。我对球星毫无感觉，更不识庐山真面目，只是好奇地凑近，结果啥也没看到。转了大半圈，感觉有些无聊，却也给我一个强烈的印象，意大利的出版社都非常讲究各自的特色，坚守自己的阵地，一般只出版某一类擅长的图书，而不似国内的大部分出版社，什么流行做什么，什么赚钱做什么，毫无特色和品牌形象可言。

马修告诉我们，米兰图书馆也在书展现场设了摊位，这有点出乎我们的意料。原来，米兰图书馆并没有出版社，他们的摊位也不展书、不

书展上动态广告颇具创意

卖书，主要目的就是配合宣传米兰在 2017 年获得联合国教科文组织颁发的"文学创新城市"称号。我们来到图书馆的摊位前，这里果然相对冷清，只陈列了一些宣传资料。

令人惊喜的是，我们在此碰到了现任总馆长斯蒂法诺·帕里斯（Stefano Parise）。在此之前，我们没有在中心馆见到他，馆里也没人知道他去哪里出差了，因为他是位忙碌的社会活动家。与帕里斯先生虽是初次见面，却一见如故，相谈甚欢。他跟我们谈起了他的中国之行，谈了他与杭图的渊源，谈了很多有关米兰和米兰图书馆的情况。听得出来，他很喜欢中国和杭州，也像我们爱自己的城市一样，为米兰而自豪，但也为米兰的很多不足而遗憾。他说，米兰原来的城市很小，现在的米兰也是在近几十年才发展起来的，会展中心所处的位置，在几十年前都还是农田。我终于明白了，为什么在米兰城市的外围，一点也看不到我们想象中的经典欧洲的模样。因为这些地方都是近几十年的建设成果，并不按照传统的欧洲风格建造。一样的道理，我们城市中改革开放初期建设的房子都像火柴盒似的。他还谈到了这个书展和米兰的"文学创新城市"称号，他说这个书展暂时还不能与都灵的国际书展相提并论，但米兰有创新的活力，坚持一个时期，就一定能把米兰国际书展的影响力做大，作为公共服务机构，米兰图书馆也应该能发挥一些作用并因此受益。然后，我们还简单讨论了关于我们在米兰馆内交流和后续国际论坛上演讲的一些细节事宜。

参观完书展，马修陪我们回到市中心最繁华的大教堂广场长廊。他说要请我们吃一种意大利的特色美食。我们来到一家门店前，果然拥挤不堪，等了一会儿，他从柜台里买到两大包食品。拿在手里才明白，这是一种带馅的热面包，我至今不知道它该叫什么，只把它理解为意大利式的包子。也许被他的介绍吊高了期望值，感觉这意式包子味道也一般。

因为时差反应和这两天的劳累，再加上淅淅沥沥的雨水，我们也没有逛街的兴致，下午回到宿舍睡了个小觉，晚餐就利用已经买回的食材，因陋就简煮了一锅大杂烩，里面有红绿蔬菜、蘑菇、海鲜，还有意面和大米。哈，我把它命名为"中意混搭大面粥"。因为食材质量不错，居然也是色、香、味俱佳。

今天的夜生活很隆重。按行程安排，是在神话般的 ALLA SCALA 歌剧院看芭蕾，我们对这项活动很期待，因为早就听说米兰这家歌剧院是世界上最豪华的歌剧院，大部分著名歌剧的首演都是在此举行的。据说这个剧院的门票都很贵，按马修的推测，米兰图书馆不可能有经费来购买这样的票款待我们，肯定是我们运气好，正好碰上有赠票。作为政府公共服务机构，米兰图书馆收到各类文体活动的赠票倒是不算罕见，但这次一定是正好只有两张赠票，所以，马修并不能陪我们一起欣赏。

与马修约定，他会送我们到歌剧院门口，但进剧院之前先在大教堂广场长廊转角的一家酒吧碰头，他请我们先喝一杯。我不知道这是米兰人在欣赏歌剧前的习惯活动，还是他的个人的喜好。不过，这酒果然与众不同，鲜红色的液体加冰块，酒精度不算很高，稍甜，还带点中药味。对我这种不擅饮酒者而言，新奇，好入口，可以接受但也谈不上琼浆玉液。马修介绍说，这不是葡萄酒，是用一种大黄属植物酿造的。后来我上网查了一下，才知道这家酒吧的名气很大，它叫金巴利（Campari）。

从大教堂广场穿过美轮美奂的埃玛努埃莱二世长廊，便能看到 ALLA SCALA 歌剧院。从外表看，这虽是一座古典欧式建筑，但混迹于周边众多高大且精致的经典建筑群之中，ALLA SCALA 歌剧院实在不够出众，甚至稍稍给人一点没落贵族的味道。不过，一走进大剧场，我们就被震撼到了，这场景远远超出了我们之前的想象。从规模看，这个剧场倒不算特别恢宏，但它的整个装饰不得不令人赞叹，满眼精致的雕梁画栋，沉浸在闪亮的金色和艳丽的玫瑰色之中，大概"金碧辉煌"一词就是用来形容它的吧。不仅如此，整个剧场的周边，除了舞台一面，另外三面全被层层叠叠的包厢所环绕，共有 6 层，目测光包厢数就该有 200 多个，还包括一个居于最佳位置的大型皇家包厢。剧场内的观众也是绅士美女云集，几乎全是盛装出席，特别是女士们，一般都穿着美丽的晚礼服。这时，我才意识到，我们的着装似乎随便了点。

我原以为，芭蕾与歌剧是完全不搭的两种表演形式，在歌剧院里上演芭蕾舞，是不是有点将就的味道？看来我错了。尽管整台芭蕾舞表演没有唱一句歌剧，尽管这台芭蕾舞还是现代芭蕾，没有情节，没有道具，没有布景，只有抽象的灯光和抽象的舞蹈，但是，几近完美的舞蹈语言和着美妙的现场伴奏音乐，与古典风格的剧场浑然一体，毫无违和

辉煌的 ALLA SCALA 歌剧院

之感。一场顶级的视觉与听觉盛宴，我不知道还能用什么语言来形容它。

大文化的一天！

3月11日，雨：走访唐人街、现场观看足球赛

到达米兰后的第一个周末，阴雨不绝，甚至比昨天的雨更大，这是个适合睡懒觉的日子，但我们在意大利的时间有限，希望能接触到尽可能多的当地文化，并不想把时间白白地浪费掉。当然，我们的心情是相对放松的。想必米兰图书馆人也特别了解我们的想法，所以老早就替我们安排好了极具意大利特色的周末休闲活动——看球赛。不过，球赛是在晚上8点45分，这之前我们可以自由安排。

吃总是最重要的。我们先是再去了趟超市，又是一堆食材，虽没什么特别的，但已经有点熟门熟路了。我心里装着的最重要的事，还是一场论坛演讲和两场馆员交流，不仅仅是我的三脚猫英语总有点让自己不

放心，更因为我感觉到米兰馆方似乎做事很严谨，要求很高。盘算了一下，正式交流前的空闲时间不多了，所以，我决定用上午的闲暇再认真过一遍需要交流的内容。尽管稿子是自己准备的，心里有底，寿晓辉的PPT也做得漂亮，但我担心的是交流过程中他们还会提出别的额外内容。所以我又认真设想了一下现场可能会出现的情景、问题和我的应对策略。这样，心里算是有了底气。

尽管下着雨，我们商量后决定走一走当地的唐人街，这一方面是为了多了解点中国文化在当地的影响，另一方面，我们在盘算，过些日子如果要请他们的馆员来做客吃饭，唐人街能采购到什么中国食材吗？我们能做点什么好吃的中国餐招待他们呢？雨实在太大，即使还没到"It rains cats and dogs"的程度，也差不多是下小鸡小鸭了，鞋子里都灌进了水，还有点冷。唐人街冷冷清清，也没什么收获，我们只能躲进一家中国餐馆解决午餐兼避雨。酸菜鱼、香辣虾、红烧豆腐等5个菜外加一瓶啤酒，还送水果，虽算不得特别美味，但还有些中国味，重点是，一共才花了36欧元，真的不贵。看来，如今中国人走欧美，再也不会两手发抖了，一不小心，还就扮了土豪。

今天马修没有陪同我们的任务，估计雨天周末的他也无聊，我们还在吃午饭时，他便发来微信盛邀我们在看球赛前再去泡个酒吧，并拉上晚上将陪同我们一起看球的另一位同事克劳迪。所以吃完午餐，我们便离开唐人街，冒雨赶去与他会合。这是一家英式酒吧，有两台电视机随时播放足球和英式橄榄球比赛。四个大男人，酒吧自制的啤酒，无边无际的话题，在酒精和荷尔蒙的双重作用下，我们聊得很嗨。比较遗憾的是，我的酒量太差，跟他们仨不在一个档次上。大杯的啤酒，他们喝了三大杯，我连一杯也没喝完，更糟糕的是，我完全品不出酒的美味来，不过，酒精的作用对我更有效，并不影响多巴胺的分泌。

今晚这场球赛很重要，国际米兰对阵那不勒斯。对国际米兰而言，这是它 110 周岁生日后的首场比赛，最好有一个不错的结果为它自己庆生；对那不勒斯而言，这场比赛关系到它能否重回排名第一的位置，似乎也需要为荣誉而战。对我们而言，这是第一次现场感受国际最高水准的足球联赛，当然，对一名伪球迷来说，更多的是一种文化体验，而不是结果。克劳迪说，我们的运气真不错，居于极佳的观赛位置，他都从来没有坐过那么好的位置，这样的票子，米兰图书馆没有经费购买，一定是赠票。他的说法与马修如出一辙，看来，米兰图书馆在米兰还是有一定分量和影响力的，要不然，哪来那么多赠票呢？

一场具有特殊意义的球赛，其疯狂的阵势只有现场才能感受得到

十多万人的大体育场，拥挤的人群，复杂的安保，迷宫般的座位区域，疯狂的球迷，震耳欲聋的鼓声、喊声、歌声，还有开赛前的全体起立唱国歌，这些都是这场球赛的重要组成部分。不过，比赛本身乏善可陈，经过 90 分钟的拉锯战，以 0∶0 告终，对伪球迷的我来说，这似乎是一场乏味的重要比赛。已经足够了，它虽不够完美，但一定会久留于

我的记忆中。

回到旅馆已经是近半夜 12 点了，虽是放松的一天，也是快乐的一天，却是最累的一天。

3月12日，阴、雨、晴：参观科莫湖区

今天的行程安排是参观科莫湖区，我的理解，这是离米兰市最近、也是最著名的自然风光区，就像杭州的千岛湖一般。感谢米兰图书馆的善意安排。早上 7 点，天还没有大亮，我们就出发赶往约定的火车站，与中心馆长拉波尼先生见面，他把事先买好的火车票交给我们，告诉我们在科莫湖站会有他们的另一位馆员詹纳（Janna）接站，并与另一位女馆员朱莉（Julie）一起陪同我们坐船参观湖区和一些小镇。在此之前，我们与中心馆的馆员詹纳见过一面，知道他和朱莉都住在科莫镇，所以由他们做向导是再合适不过了。

科莫湖区位于米兰北部 50 公里左右，科莫镇依傍着湖，其地位有点类似于米兰市的卫星城市，很多人在米兰上班，家却安在环境优美的科莫镇及周边一些更小的镇。在米兰与科莫镇之间有一条铁路，车速不快，但班次很多，就像通勤火车，是联接两地最便捷的交通工具。

这是我们第一次在没有陪同的情况下自行前往米兰以外的地方。也许是米兰图书馆的安排太过周到，我们的脑子变得太过简单，加之不懂意大利文，我们闹了个不大不小的笑话，居然提前一站下了火车，原因是这个站名的开头也是科莫（Como）。我们以为到了目的地，下了火车才发现这个地方前不着村后不着店，一打听才知道错了。幸好这是通勤火车，站与站之间的距离不算太远，步行也只需要 15 分钟左右的时间就可到达。我们赶紧找出事先留下的联系电话，与接站的詹纳取得了联系，请他多等我们一会儿，我们自行走一站到达科莫镇。这也不错，有

机会让我们领略了这个小镇更多的东西。负责任的詹纳怕我们走丢了，不断打电话询问我们的位置，实在令人感动。

詹纳的装扮有点像我们印象中的流浪汉，永远穿一件油腻的夹克，戴一顶油腻的帽子，却异常热情。与他和朱莉会合后，他俩一路带我们坐船游湖。这船其实也是公交船，把沿湖的诸多小镇都串了起来，我们到一个站，就上岸参观一些古老的小镇。从詹纳的介绍中得知，科莫湖很大也很长，更像是一条"人"字形的河，向北一直延伸至瑞士边境。湖的两岸都是一个个规模不大却古老的小镇，既有美丽的自然风光，又有古朴、优雅的历史建筑和规模不等的教堂等人文景观。时间关系，我们只能走马观花看了3个小镇，然后坐船返回科莫镇。这时已近下午1点，却正是米兰人常规的午餐时间。这时我们才知道，已经有另一位也叫马修的馆员正在这里等我们，他负责下午的行程陪伴，而詹纳下午则要赶回米兰去参加一个会议。

从他后来的自我介绍中得知，这一位马修先生毕业于纽约大学东方艺术专业，但他的英语却有着浓重的意大利口音，听起来有点费力。他对意大利本土文化如数家珍，也特别自豪并愿意向我们展示当地文化。他先带我们进了一家当地的特色餐馆，要我们尽情享受当地的慢生活。于是，我们花了2个多小时，一边品尝他专门为我们推荐的当地特色午餐和好几种餐馆自酿的特色酒，一边天南海北聊着各种文化和我们好奇的东西。这样的聊天很难得，而且确有收获，至少它让我见识了更丰富的意大利饮食，从此改变了我对意式餐饮的刻板印象。酒足饭饱之后，我们漫步于镇上宁静而美丽的街道和各种教堂，还有将古老洗礼池与现代建筑融为一体的书店。所有我们的所见都充满了古老的基督教文化和地方特色，难以细数。

让我没想到的是，在这慢节奏徜徉中，还安排了业务考察，参观科

古老的基督教建筑与现代书店的完美融合

莫镇图书馆。这家图书馆的建筑并不算古老，但他们的服务却足够传统。在这里，除了一块儿童阅览区域有着我们常见的生动和色彩之外，其余都是传统的。这里依然排列着供检索图书用的卡片柜，因为他们的所有图书还延续着闭架服务。走进他们的书库更令我们倍感新奇，因为他们所采用的图书分类法还是古老的按书的尺寸来划分的，这当然是与闭架管理相适应的，有利于最大限度地利用书架空间。这很令我感慨，一种古老的方法，与这里的现代生活相得益彰。老的东西就一定要被淘汰吗？

　　幸运的一天，也是美妙的一天。因为下午天开始放晴了，在一天之内，我们见识了湖区小镇从山色空蒙到水光潋滟的全过程，而时刻伴随左右的是深厚的历史文化遗产。

3 月 13 日，晴：参观图书馆博物馆（Trivulziana Library Museum）；闲逛运河区

　　一个阳光明媚的日子。今天的任务不重，按行程安排，主要是由退休老馆长阿尔多·皮罗拉先生陪同参观米兰图书馆博物馆（Trivulziana Library Museum），然后再去中心馆与负责安排我们整个计划的桂斯皮娜（Guisipina）女士商量后续的活动。因为米兰的很多活动都在市中心周边，所以我们与马修达成共识，凡是在市中心附近活动，我们就与他在广场长廊转角那家著名的 CAMPARI 酒吧碰头，这儿成了我们的一个"据点"。马修陪我们从 CAMPARI 酒吧出发，走一刻钟就到达了图书馆博物馆的大门口，老馆长早在那儿等待了。又一次见到他，感觉就像老朋友一样，很亲热。

　　之前我一直对图书馆博物馆这个地方存有疑惑，不明白它究竟是怎样一家机构，难道米兰的图书馆业已经发达到需要有一个专门的博物馆来收藏和研究它的前世今生？与老馆长亲热寒暄之后，他便主动娓娓道来，解答了我的疑惑。原来，Trivulziana 并不是一家关于图书馆历史的博物馆，而是一家意大利最早提供公共服务的图书馆，也就是说，它是意大利公共图书馆的始祖，始建于 1609 年，一直由教会资助和管理。掐指一算，这家图书馆已经有 400 多年的历史了，镶嵌在墙上的一块刻有馆名和建馆年份的大理石默默地见证着一切。老馆长说，这家图书馆肯定是意大利的第一家公共图书馆，也可能是整个欧洲的第一家，言谈之间透着敬意和自豪。如今，Trivulziana 依然身兼博物馆和公共图书馆的双重职能，既收藏有大量古代文献及各历史年代的油画和雕塑，也提供文献阅览服务，当然，它并不像普通公共图书馆那样可以随心所欲地翻阅图书，你需要提出合理的理由，因为这些古典文献很多都是拉丁文

的，普通读者根本看不懂。然而，不管怎么说，它是真正意义上的公共文化服务机构，但不隶属于政府，而属于教会。

不知哪里出了差错，事先与该馆预约的联系人始终没有出现，也无法联系上他，而其他员工虽然和蔼礼貌，却似乎公事公办，并不愿意变通一下带领我们参观。看来，教会管理的机构还是挺牛的。在等待了大半个小时后，老馆长决定不等了，他自己直接带我们参观常设的古典艺术展厅。依然是大量文艺复兴时期以《圣经》故事为主题的油画作品为主，虽然都是古典具象的画法，但通过对现场大量作品的比较，可以很清楚地看出当时不同地域的流派和风格，其中的任何一件作品如果拿到中国去展，都会是轰动的，但在这里，似乎有点习以为常。不过，在听过老馆长对相关故事的解读后，我们对这些作品又有了新的理解。我发现一个有意思的现象，很多作品把《圣经》中不同故事里的人物嫁接在一起，变成了一个新的故事。这在当时显然是被允许、甚至得到鼓励的，看来，只要是对歌颂宗教有利，新编创作并没有问题。很遗憾，因为没有 Trivulziana 本馆的向导带领，我们没能看到更多、更珍贵的馆藏，也没能听到更多关于这家图书馆博物馆的故事。

告别了老馆长，马修带我们在市中心找了一家小餐馆，吃了一顿简单却有特色的午餐，然后顺道在米兰大学的老校区转了一圈。在这儿，我们看到几位充满绅士气质的男人在玩一种掷铁球的运动，颇为有趣。拿手机上网一查，原来它就是"地掷球"，一种古老的运动，以前听说过这个名字，却从来没见过。我忽然想到，这项运动老少咸宜，又不需要太大的运动空间，似乎挺适合引进到我们的运动分馆来呢。马修说，按照行程安排，过几天我们还有一场与米兰大学图书馆的交流，还会再到这儿来。

在走出校园回中心分馆的途中，马修忽然心血来潮地说，我带你们看一个很小但很有特色的教堂。我问有什么特色，他说，这个教堂里全是人骨。这令我们很好奇，但也有点毛骨悚然。进到教堂，果然，不大的教堂主厅四面墙上，密密麻麻排列着难以计数的人头骨和大腿骨，免不了森森然地。我很好奇哪里来的那么多人骨，又为什么要弄这么个人骨教堂。马修解释说，边上的米兰大学老校区原本是一家医院，几百年前，一场瘟疫就能死很多人，收集人骨是一件很方便的事情。而在教堂里弄那么多人骨，就是要让人们更直接地联想到死亡，更容易接受基督教的教义。刚刚从这个阴森森的教堂走出来的我，对他的解释深表认同。

回到中心分馆。第一次与负责安排我们交流行程的桂斯皮娜女士见了面，在这之前的几天里，我们一直没有机会与这位在背后为我们操心的同事见面。这是一位热情负责的女馆员，事无巨细，也因此让我们倍感方便和放心，大大减弱了我们不懂意大利语所带来的忐忑。太巧了，今天居然正好是她的生日，办公室里放着同事们为她的生日准备的鲜花、红酒和甜点。我们借花献佛，向她表示生日快乐，可惜我们事先并不知情，也没有准备生日礼物，倒是借机喝了一杯。

与桂斯皮娜沟通完后，按照行程安排，我们今天的任务算是完成了，但热情的马修决定带我们去逛一逛运河区，并与一位叫李维天的，在米兰学习图书馆学的中国留学生见面。马修告诉我们，这个李维天是南京人，最初是他图书馆的读者，互相交往多了，如今成了朋友。我很有些吃惊，居然还有中国留学生跑到意大利来学习图书馆学的，不过，又暗暗对这位留学生的明智之举深表敬意。

与李维天在约定地点见面后，我们悠闲地沿着运河边漫步。运河区是 200 年前西班牙人占领米兰时期的运河和护城河，有 10 座城门，如今相当于米兰市的二环，已经变成年轻人和观光客的休闲区。这时正是傍晚时分，夕阳映照在古朴、多彩的老建筑上，我们徜徉于运河边的小街道，闲坐于运河边的老石板，欣赏着五光十色的风景，漫无边际地闲聊，感觉自己已真正融为米兰的一部分。

晚餐时间，我建议去市中心的中餐馆体验一下，我们请客，两位客人欣然接受。中餐馆的老板据说是江西人，在市中心开了两家店，其特色是一个"辣"字，不过，我们的总体评价还不错，马修很能接受，这正是我们希望的结果，以此表达我们对他热情陪伴的感谢。

3月14日，晴：与米兰图书馆同事交流、参观 Sforzesco 城堡及其图书馆

计划中这是一个重要的工作日。我们的任务是在米兰图书馆中心分馆向全馆各部门和分馆的负责人及业务骨干介绍杭州图书馆的工作。这是一个馆际同事间的业务交流，可以说是我们此次交流计划中最核心的工作。

外事无小事。对于今天的交流，我们内心深处一直是高度重视的，所以在形式上，我也换下牛仔裤，穿得相对正式一点。在马修的陪同下，我们又一次来到了那个令米兰馆同事们引以为傲的、以整幅动物壁画为背景的老会议厅。交流现场让我感受到了比我想象更隆重的氛围。精致且丰富的饮料和茶点，落实到每个人名的签到表，总馆长的亲自主持和介绍，无不传递出这样的信息。我很庆幸我们有充分的思想准备。为了确保交流顺畅，我们昨天还与留学生李维天约定，请他也一起来参加交流，以便需要意大利语翻译时可以应急。

正式的交流持续了两个多小时，比我预估的要长得多。其原因，一方面是没有时间限制，我可以从容地把事先准备的完整版内容全都讲了，而且还播放了杭州图书馆的宣传片，另一个原因我没有想到，我的

英语演讲，全程由桂斯皮娜再逐句翻译成意大利语，这就整整延长了一倍的时间。之后我越来越体会到，桂斯皮娜的这个安排是有道理的，大部分意大利人的英语水平并没有我们以为的那样好，如果不翻译，估计交流效果就要大打折扣了。从米兰馆同事们的表情、眼神和提问可以感觉得出来，他们对我们馆的工作和成就充满了好奇、赞叹和惊讶。后来我询问总馆长对我交流内容的意见，他也表示非常满意，就是担心我交流的内容偏多，在正式国际会议上会来不及讲。我告诉他别担心，我会严格扣准时间的。他不知道，我早就准备了一个简约版本，并且私下里卡过时间。

交流会结束以后，现场气氛融洽热烈，我们还与参会的全体米兰馆同事以壁画为背景合了影。我以为这就结束了，没想到桂斯皮娜还安排了一个我们与四个部门负责人交流的小会，这在行程计划中并没有写明，所以刚开始我们还有点蒙，但又不好意思问。不过，感觉得出来，他们各部门都是做了精心准备的。后来我们明白了，这是米兰馆专门挑了这四个部门，以做得较为突出的工作来给我们做介绍。这是对的，有来有往才是交流嘛。虽然我们没觉得他们介绍的内容有多少突破性的创新，但他们工作做得很细、很扎实、很坚持，这让我们印象深刻，也是特别值得我们学习的。

下午，马修按计划陪我们参观米兰著名的斯福尔泽斯科城堡（Castello Sforzesco）及其图书馆。古堡的宏伟气势和古典建筑风格自不必多言，足够震撼。我们原以为这只是一次对当地著名景点的游览，但接下来却令我们喜出望外。原来，这座城堡有一个相当规模、档次极高的图书馆，而且米兰馆事先已经与该馆有过预约，所以，该馆图书馆员对我们的造访高度重视，精心准备了三件实物文献专门展示给我们。

一件是珍贵的达·芬奇手稿，果然是从右向左书写的。它过去对我来说只是个传说，现在就在我眼前。我本想提出要求能否摸一下，终究不好意思开口，现在又有点后悔没开口了。第二件展示的是欧洲的古代印刷术，听介绍，原理跟中国版刻印刷一样，先写出漂亮的反向底本，再刻，再印。但我们看到的这一本是彩色的，图书馆员告诉我们，当时还没有套印技术，除了黑色文字是印刷的之外，其他颜色的文字和插图都是画上去的，其精妙细致的程度令人惊叹。第三件是欧洲第一本介绍中国文化的出版物，其内容是关于中国动植物的，书中的插图精美，中文却写得歪歪扭扭，颇为有趣。我忽然想到，是否可建议国内出版社翻译再版？这可是"一带一路"文化交流的好项目啊。为此，我专门与馆员交流了名片，以备后需。热情的馆员还特意带我们参观了他们的镇馆之宝，米开朗基罗生前的最后一件作品，未完成的《圣殇》。面对一件未完成的作品，居然让人油然而生一种神圣的情感，这是作品本身的力量，也是作品展示技术的力量。又是一个意外的惊喜。

欧洲第一部介绍中国的出版物

按计划，今晚有一个"今日图书馆"国际论坛的欢迎晚宴，我们被邀请参加，由总馆长帕里斯先生亲自带领我们前往，所以，我们又回到米兰馆中心分馆与总馆长碰头。据我们所知，他是这个国际会议的主席，由他亲自陪同我们前往，让我们有些受宠若惊。更让我们没想到的是，馆里再没有别的工作人员参与。他就像陪我们去逛街似的，跟我们一起换乘了两趟地铁到了一个挺上档次的餐馆。到了晚宴现场，我们才意识到，我们的确受到了特别的礼遇。这个近千人的大论坛，参加欢迎晚宴的一共才 30 个人左右，都是最重量级的嘉宾，包括图书馆界各国际组织的领导和代表以及业界元老。我们是唯一由会议主席亲自陪同到达并介绍的客人。我们当然被安排在主桌，我的边上就是 IFLA 代表芭芭拉（Barbara）。我知道这与我们是来自东方的客人，不熟悉这里的圈子有关，但也足以显示出主办方对我们的重视和照顾。席间，我们又碰到了退休老馆长，他显然是欧洲图书馆界的元老级人物，与几乎所有的嘉宾都相熟地谈笑风生。他搂着我向嘉宾们介绍，说我是他的来自中国的老朋友。其实我们才见过两次面，而且这两次都是他在陪同我们，当然我们彼此的感觉的确一见如故。从席间的谈笑中得知，他会流利地说 7 种语言，这令在场的嘉宾们都赞叹不已。两位总馆长的言谈举止自然会让我联想到国内的官员们，相比之下，不得不令我对他们心生敬意。这是一次轻松愉快的社交，虽然与在场的大部分嘉宾都陌生，但我自以为还算应付自如，没有像刘姥姥进大观园一样受到重视却也成为笑柄。

3月15日，雨：出席"今日图书馆"（Biblioteche oggi）国际论坛

今天是我们米兰之行最重要的日子，参加"今日图书馆"（Biblioteche Oggi）国际论坛并演讲，为此，我们在出发前就已经做了大量准备。可惜又是一个雨天，按照米兰人的说法，3 月的米兰天是疯狂的，

随时会变天，我们似乎已有所感受。

"今日图书馆"论坛始办于 1995 年，今年是第 23 届，每年 3 月在米兰举行，与会代表近千人，主要来自意大利和其他欧洲国家。这次是我国图书馆员首次参加论坛，受到了主办方的高度重视和热烈欢迎。国际图联、联机计算机图书馆中心和美国图书馆协会等图书馆界国际组织也派代表参加了本次论坛。这些细节我们是之后才慢慢知道的，之前只知道要参加一个图书馆界的会议。

去会场之前，我们按约定先与桂斯皮娜女士在中心分馆见面，她又一次为我们之后的佛罗伦萨和罗马之行做了细致的规划和确认，帮我们订好了酒店，买好了火车票，甚至连我们应该在什么餐馆用餐都做了推荐。我印象中的意大利人似乎没有那么细致负责，看来是我错了。

会场离中心分馆并不太远，桂斯皮娜陪我们坐两站地铁，再冒雨走一段路就到了，路上正好跟她了解一些有关这个论坛的情况。从她口中得知，这个论坛的运作已经非常成熟，与我们国内举办国际会议的模式完全不同。虽然米兰馆的总馆长是这个论坛的主席，但米兰馆的馆员们并不必参与这个论坛的准备和会务工作。因为这个论坛有一个专门的运作团队，负责每年的论坛和一个同名期刊的编辑出版工作，这个团队隶属于大米兰地区的一个类似图书馆学会的学术社团，米兰馆的总馆长兼任这个社团的主席。怪不得这个论坛的一切工作都给人有条不紊、从容不迫的感觉，而且米兰馆的工作完全不受此论坛的影响。

之前已经知道这个论坛的规模不小，但真正进入论坛所在的会场，我还是有些吃惊，超出了我的预想。进入主会场后，又让我吃了一惊。因为先与桂斯皮娜会合并处理了一些事情，我们到达会场时稍稍迟到了点，会场里居然已经找不到座位了，很多与会者就席地而坐在会场过道上。如此高的参会热情着实令我们感动。我们正打算也找个地方席地而座，桂斯皮娜却走到主席台前看了一下座签，告诉我说我的座位在台上，这又惊到了我。我认为我们的待遇有点太高了，因为台上坐着论坛主席 Stefano、国际图联代表芭芭拉、美国图书馆协会主席洛伊达（Loida）和一位来自联机计算机图书馆中心的女教授，我的座位居然与他们并列着。后来我明白了，整个上午就是台上这几位发言，我压轴。我做了题为《杭州图书馆：满足并引领多元的用户教育》（Hangzhou Public Library：To Meet and Lead the Diverse Users Education）的演讲。因为之前有充分的准备，我演讲的时间掐得很好，既充分介绍了中国图书馆界的现状和杭州图书馆的创新成果，也没有耽误午餐时间，获得了各国图书馆同人的好评。

会场很简陋，氛围很学术

下午，寿晓辉应中国知网（CNKI）的邀请，在他们所设的分会场又一次为杭州图书馆的工作做了宣传介绍，前来参会的有当地孔子学院的师生等对中国特别感兴趣的代表。我们的这项工作算是超额完成了任务。

全天的会议结束后，总馆长帕里斯先生约我们在 6 点碰头，然后他亲自陪同我们一起前往一家电影院，因为 7 点多有一场论坛安排的电影。在国内，晚上 6 点多正是晚餐时间，但意大利人的正常晚餐时间是 8 点以后，所以，到达电影院后，还有半个多小时的时间，帕里斯执意要在电影院的小食吧请客小酌，进入被他们称作 Happy hour 的状态。他为我们每人点了一小杯红酒和一些小点心。我们天南海北地聊了一会，感觉他挺喜欢中国，但对中国的饮酒文化不敢恭维。我在想，他好歹也算是米兰文化界的名人了，又是论坛的主席，会议期间事务缠身是毫无疑问的，如此连续亲自陪同并照顾我们，这在中国是不可想象的。

7 点半，帕里斯为这场电影做了一个开场主持，然后开始放映。这电影的片名是《纽约公共图书馆》，据说是一位大导演拍摄的纪录片，长达 3 个半小时。我们看了不到 1 小时，感觉无甚新意，而且也累了，便中途退了场。

虽大雨依然不止，却轻松回家。

3 月 16 日，晴：考察 Valvassori Peroni 分馆、观赏达·芬奇名画《最后的晚餐》

神奇的米兰天，又阳光灿烂了。

上午，我们与马修在约定的地铁车站口碰头，一起前往考察 Valvassori Peroni 分馆，这就是圭多所在的分馆，也是米兰图书馆除中心分馆以外面积最大的社区馆。又见到圭多了，感觉分外亲热，不过，与他拥抱寒暄后，他并没有陪同我们一起参观，因为他马上要给一批小学生上课，一堂类似于美术教育的课。据他说，附近的小学经常会组织学生到社区图书馆来上课，也是给孩子们一些新鲜体验，同时培养孩子们利用图书馆的习惯。我们目睹了圭多上课的情形。一个大胡子男人，在孩子们面前手舞足蹈，循循善诱，这在中国的图书馆里是不可想象的，但我们看得出来，圭多很享受他的工作，孩子们也很喜欢他。

把课堂搬进社区图书馆，是对图书馆员的挑战

带领我们参观的是一位中年男馆员和一位微胖的年轻女馆员，估计他俩是该馆除圭多以外英语最好的两位，却也不敢恭维，仅够基本的理解。不过，这位看上去不到 30 岁的女馆员，似乎是我们在米兰馆见到的最年轻的馆员。他们的馆员多半都是大伯大妈级的，这或许在很大程度上能够反映出米兰图书馆的发展现状。他们的介绍和服务现场井然有序，但没有给我们带来惊喜，倒是他们有一个专门服务于视障读者的阅览室，里面有针对不同视障人群的各种设备，从最简单的放大镜，到可调整亮度、颜色、尺寸的视屏，到专门针对全盲人的纸质文献直接转换成音频的电脑设施，一应俱全。从技术上看，我们没觉得这有多先进，但他们面对如此小众的用户群体，开发出如此多的针对性设备，不得不令我们肃然起敬。

中午，马修说带我们去他父母家吃饭，这当然是计划行程以外的即兴之举。我们欣然接受，因为这有便于我们更真切地了解意大利人的日常生活，对于他的这个安排我们很高兴，但因为他是临时告知我们，我们没有准备见面礼，只能先口头感谢了。他说他也很荣幸，因为他父母很喜欢中国文化，而且他母亲已经学习中国书法有十多年了，这让我们倍感惊喜。两位老人 70 来岁，住在一套 100 平方米左右的公寓里，装饰平常，但陈设却充满了浓浓的文化味，其中最让他们得意，摆放在显眼位置的一件收藏品居然是从正规渠道买来的中国唐代陶器。他父亲还兴致勃勃地带我参观他们的屋顶花园，我居然看到有一株杭州的市花桂花树，这就又多了一份谈资。他母亲的书法水准令我吃惊，已经远远超出中国老年大学生们的水平，带有明显日本现代书法的风格。老人们提供了丰盛却很普通的家常午餐，味道很不错，显然他们也是精心准备过的。

下午的活动是论坛安排的重头戏，观赏达·芬奇的名画《最后的晚餐》。这是一个非同寻常的安排，因为为了保护这幅名画，参观严格限时限人数，通常需要提前几个月预约，所以论坛主办方只为重要嘉宾安排了这个节目，除了我们俩，还有就是各国际组织的 4 位女士，总共 6 个人，连陪同我们的马修也只能在外面等候我们。《最后的晚餐》位于市中心著名的圣母感恩教堂的边上，原是修道院的餐厅壁画。这餐厅的规模又超出了我们的想象，不但大，而且目测层高至少得有十几米，简直就是天然为世界名画所准备的展厅，整个大厅里只在两头各有一幅大型壁画，其中之一就是《最后的晚餐》，另一幅也是由达·芬奇同时代的画家绘制，但它的知名度要低得多，我至今也没搞明白这幅画的名称。名画自带的光环，参观现场的考究安排及贵宾级的向导讲解，两幅画竟看了一个多小时，也令我们体验到了前所未有的艺术享受。太幸福了！

顺便我还完成了同事吴宇琳交办的另一项任务，寻找我馆潜在的合作伙伴。我利用参观前的闲聊，与几位嘉宾互相交换了名片，并与柏林图书馆的女馆长粗略地聊了交流合作的可能性，她似乎也颇感兴趣。至此，也算完成了一次业务公关活动，超额完成了任务。

3月17日，雨：考察交流 Oglio 和 Dergano 分馆

毫无征兆，又下雨了，再一次证明了米兰3月天的神奇。

今天是周六，按米兰图书馆的惯例，我们依然有工作安排。今天的任务比较单纯，考察米兰图书馆所属的2个社区分馆，分别叫 Oglio 和 Dergano。之所以安排我们考察交流这两个分馆，我想也许这两个馆都与中国比较有缘。前者有一位以中意文化交流作为研究方向的历史学女博士馆员，叫劳拉，她特别希望能把自己的兴趣和所学结合到工作中去。后者所在的社区是华人较为集中的区域，而且这个馆早在2009年就参加了"上海之窗"项目，之后每年都与上海图书馆有图书交流活动。

劳拉早早地就撑着把大雨伞在约定的地铁口等我们，并陪我们来到 Oglio 馆。这个馆不大，只有600多平方米，设在社区中心里面。一进门，我们就看到了一个有关中国现代风貌的小型摄影展，让我们倍感亲切，也一下子拉近了彼此的距离。原来，这是一位退休老读者的摄影作品，他的女儿在北京做设计师，他在看望女儿的同时，也用镜头客观记录了他认为有意思的中国。按常规，馆员上班分为上下午班，在馆上班的馆员只有2~3位。因为我们的到访，这位摄影师读者和该馆的全部6位馆员都在馆里等候并欢迎我们，这让我们很感动。劳拉领着我们参观介绍了全馆，还特意给我们看了由她专设并负责的有关中国图书的专架。她还认真做了 PPT 演示，向我们详细介绍了该馆和她自己在中国

的经历。毫无疑问，她非常喜欢中国和中国文化，自然也对我们热情
有加。

下午参观 Dergano 社区馆，该馆的馆长莫尼卡却早早地来到 Oglio
馆接我们。一路上，她陪我们走路，坐地铁，并向我们介绍她所在的社
区，介绍中国移民在米兰的情况，介绍她的图书馆，介绍她的工作。感
觉得出来，这是一位热爱图书馆事业，并很有自己想法的老馆员。她最
得意的成就是早在 2009 年就以她小小的社区馆名义参加了"上海之
窗"项目，并受益至今。她也因此建议 Oglio 馆的劳拉申请参加今年的
"上海之窗"。

Dergano 馆规模更大一些，是一栋独立的圆形建筑，还有属于自己
的院落，颇令莫尼卡自豪。该馆的最大不同是我们终于看到了不少中文
书，还有"上海之窗"的交流图书专架，显然，他们在服务于所在社
区的华人方面是动了脑筋的。该馆还有一位同样热爱中国、自费去过中
国的男馆员戴维，计划中他还将陪我们去威尼斯。戴维拿出从中国带回
来的茶叶和茶具要招待我们喝茶，却完全不知道泡茶的套路，向我们请
教。我正好借花献佛给他们简单演示了一下工夫茶的基本套路，并介绍
了一些中国茶的基本知识。这是图书馆业务交流之外的意外之举，却令
我们都像老朋友一样亲热而随意，感觉很好。临行前，我们又互相确定
了威尼斯的行程安排，互道再见。

今天两个分馆跑下来，结合前几天看到、听到、体验到的，我的最
大感受并不是他们的图书馆有多少亮点，而是他们馆员对事业的热爱、
严谨的作风和不急不躁的工作状态。我能体会到他们从工作中获得的幸
福感，这正是我们所缺乏的。

业务交流之余，也传播一下中国茶文化

3月18—21日，晴雨不定：游览佛罗伦萨和罗马

我相信，这会是我们意大利之行最轻松的时光。

米兰图书馆非常照顾并理解我们的心情，知道我们来一趟意大利不容易，希望多跑一些地方，多看一些东西，所以，在行程计划中特意安排出周日和下周的前三天，让我们自己去佛罗伦萨和罗马旅游。限于交流项目的经费预算，我们需要自己承担部分费用，而且也没有米兰馆同事的陪同，但我们已经非常满足了。虽说是我们的自由行，桂斯皮娜在之前还是替我们做了非常周密的计划安排，尽可能让我们吃好玩好睡好还省钱。

18日一大早，依然是个雨天，出发去我们的第一站佛罗伦萨。热情的马修生怕我们出差错，还专门赶到米兰中央火车站来送我们。据说米兰有7个火车站，分别承担着驶往不同方向的铁路运输任务，其中中央火车站最大，而且是负责高速铁路的车站，与其他火车站在功能上完全不同。由此可以想象欧洲铁路系统的完善和发达。在我看来，这个中央火车站本身就是一个很好的旅游景点，它把宏伟精致的古典建筑艺术与现代时尚的商业氛围完美地融为一体，还有颇具时代感的红箭高速列车，这种组合似乎颇能代表米兰的精神气质。

米兰火车站，经典与时尚融合的典范之作

除了中国的高铁，我还没有体验过别国的高速列车，所以，一走上红箭火车，我就自然而然地会与国内的高铁做比较。并没有觉得与中国高铁有特别大的差别，但感觉内部装饰更结实、更宽敞，小细节也更舒适些，悬在车厢中间上方的电视屏幕用意大利文、英文和简体中文三种文字轮换着显示行车的相关信息，瞬间感觉中国的国际地位的确是与过去不可同日而语了。

佛罗伦萨给我的印象很奇特、很矛盾。先是感觉这是一座伟大的城市，到处是高大、宏伟的古典建筑，把米兰大多数曾经震撼到我的建筑都比了下去，接着又感觉这城市竟然全是弄堂，找不到一条像样的大马路，而且转过一圈以后，发现这城市好小。然后又发现这座城市特别古典，像是回到了几百年前的时代，只适合观光旅游，当我们住进事先预订好的民宿，又感觉它特别舒适，特别贴近当下的生活，甚至在我们民宿的弄堂口就有一家专卖类似于肉夹馍的网红店，大量的帅哥美女静静地排着队，充满了人间烟火气。

让我们没有想到的是，虽然不是旅游旺季，而且细雨不断，这儿的游客却一点也不比7天长假中的中国景点少，看似秩序井然，但毕竟人头攒动，我们计划中要参观的乌菲兹美术馆、学院美术馆和百花大教堂都需要排几小时的队才能进去参观，限于时间，我们只能在外面仰视一番，无缘入内。我们只能安慰自己，留点遗憾也好的，下次可以再来。

19日下午，带着满足和遗憾，我们继续乘红箭高速火车南下，一个多小时后到达意大利首都，最大的城市罗马。罗马给我们又是另一番印象。毕竟是首都，而且是西方文明曾经的中心，它才更配用"伟大"二字。当我们走在罗马的大街上，目力所到之处，时不时地就会使佛罗伦萨树立起来的印象震撼黯然失色。我们捧着地图，冒着大雨或艳阳，用了一个整天和两个半天，硬是没坐过一站车，全靠我们的双脚，走遍了地图上标示着的所有著名景点。从来没有如此强烈的意识，手机镜头是多么地无能，也实在无法一一述说，从来没有如此强烈地感觉语言的苍白。所有的震撼只能在现场感知，所有的美妙只能用心感觉。

曾经听到过一个说法，如果你要游欧洲，千万把意大利放在最后一站，否则，别国的体验会令你味同鸡肋。我忽然明白了这个说法的深意，现在我觉得可以再加上一句，如果你要游意大利，千万把罗马放在最后一站，否则，其他城市的体验会令你味同鸡肋。

21日下午，我们带着意犹未尽的过瘾心情和疲惫的身体，登上返回米兰的红箭火车。连头搭尾4天时间，我们完成了一次对西方经典文化的体验。回到米兰的旅馆已是深夜，倒头便睡。

火车站的餐厅书店，把餐饮与图书销售完全融为了一体

3月22日，晴：考察 Pertini 图书馆、与米兰大学图书馆交流

4天的自助旅游之后，我们重新进入业务考察和交流模式。

按照之前安排好的计划，曾经陪同我们一起看球赛的克劳迪一大早就开着私家车来到我们的旅馆接我们。令我们稍稍有些意外的是，随他一起来的还有另外一位中年男人，经他介绍方才明白，这位是他的表哥，在那不勒斯工作，这几天正好有事来米兰。克劳迪把表哥拽上一起来陪我们，是担心自己的英语不够好，应付不过来，所以请他来做"外援"了。途中的闲聊中还得知，一会儿克劳迪的母亲会在 Pertini 图书馆接应我们，因为他母亲已经退休，现在是一个志愿者组织的成员，她经常到这个分馆来做志愿者，也算是半个主人了，所以很乐意一起来接待我们。为此，我们颇为感慨，为了更好地完成陪同我们的任务，克劳迪居然动用了两位家庭成员，足见对我们的重视，另一方面，也可以看出他对自己这份工作的热爱，把一个普通的工作任务当作自己喜爱的事情用心来做。

Pertini 图书馆位于米兰远郊的一个小镇，它并不属于米兰图书馆下属的分馆，而是在郊县的兄弟馆，驱车近半个小时方才到达。果然，克劳迪的母亲已经在此迎候我们。在把我们接进图书馆之前，她热情地要请我们先在图书馆边上喝一杯意式咖啡。入乡随俗，我们欣然接受。香浓的意式咖啡每杯只有一小口，一干而尽，不耽误时间，却能提神醒脑，这也许是意大利人的办事方式，我们也已经开始习惯了。

这个图书馆的馆舍是由一所小学的老房子改建的，但显然改建工程的理念很新，也做得很用心，不但尽量保持了原建筑的风貌，还采用现代技术增加了地下层，加盖了上层，使实际面积得到了扩展，并迎合了现代图书馆的功能需求。从 Pertini 图书馆馆员的介绍中得知，这个貌似改建的老建筑，其实跟新的没什么两样，当然，还包括他们的服务理念，也是全新的。事实上，这家图书馆的正式名字并不叫图书馆，而是叫文化中心，由此可以想见他们服务理念的变化。

我们认真考察了该馆的每个楼层和功能区域，给我们的印象与米兰图书馆全然不同。在这儿，你可以看到现代感很强的空间布局和多元化的活动场地，也不乏对历史的尊重和个性化的服务。比如，在地下室的一个活动室里，布置着曾在这所小学读书的所有孩子们的毕业照，既让历史文献得以很好的呈现，又营造了浓浓的怀旧情调。又比如在书架的一角，放着一架经过改造的钢琴，一位老人头戴耳机，正旁若无人地弹奏着乐曲，却并没有声音传出来打扰到其他读者。类似的细节比比皆是，由此让我们意识到，意大利的图书馆界并不缺乏创新的图书馆服务，而且注重细节，做得非常到位。

参观完 Pertini 图书馆，克劳迪的母亲又兴致勃勃地带我们去看 200 米开外的老馆建筑。这是一幢古老的建筑，有些部分正被脚手架围着，

毕业照墙，老文献的时代感和力量感

显然正在整修中。它前面有一片规模很大的绿地，像是一个老庄园，在米兰远郊看到这样一个老建筑，颇有些稀罕之感。然而，真正令我深有感触的并不是这个建筑有多么稀罕，而是这个干干净净的整修现场，毫无工地常见的脏乱，而且脚手架外还贴着大型喷绘效果图，与未被围住的墙体融为一体，让你可以清晰地看到该整修部位完成后的模样。这样的细节，我在国内是从来不曾见过的。我脑子里忽然冒出一个念头，现在中国该学欧洲什么？也许就该学这种对于细节的态度吧。

午饭之前，克劳迪驱车把我们送到位于市中心的米兰大学校区，马修已在这里等候我们，下午的行程由他负责陪同。我们又来到了曾经到此一访的米兰大学老校区。该校图书馆的领导和多名馆员正在校门口迎候我们，同时，我们也看到了关于我们下午交流讲座的海报，说明这个交流活动是对全校师生开放的。寒暄之后，我们跟随一位讲解员用了十来分钟的时间简单参观并听她讲解了这个校区的历史和故事。之前我已经从马修口中得知这个校区以前是一家医院，但现场讲解让我们身临其境，感觉这些老房子里到处充满了故事，要不是已届午餐时分，我更愿意再多听一会儿。显然，这是米兰大学图书馆的同行们刻意为我们准备的小节目，时间短暂，只能点到为止，但我们之间的交流已经变得融洽熟络了。

米兰大学图书馆的安排很隆重，有 6 位馆员陪同我们一起用午餐。午餐在大学边上的一家小餐馆里，真的很小，我们把桌子拼起来，挤挤挨挨才勉强坐下，不过，这氛围很好，仿佛是一群老朋友的派对聚会，很热闹，不生分。吃的味道真不怎么样，但大家聊得很热乎。感觉这些大学图书馆馆员们对世界公共图书馆的发展现状和趋势并不太了解，对中国社会的了解更加滞后，但同时又听说了近年来中国的飞速发展，所以，言语间充满了好奇和赞叹。吃完、聊完要结账时，令我们颇为惊愕，原来，这顿午餐并不是公务接待，他们是 AA 制的，而我和寿晓辉作为客人，坚决不让我们掏钱，由他们平摊请客。这让我感叹不已，一方面是感觉挺不好意思的，另一方面又由衷地为他们的财务制度和工作作风叹服。

下午的交流活动在米兰大学图书馆的报告厅举行，很大很正规的一个厅，校方还专门请来一位英文专业的大二美女志愿者做我的意大利语翻译。搞得如此隆重，我自然也不敢怠慢，幸好之前已经讲过两次，我对交流的内容早已胸有成竹，所以也很乐意借此机会多宣传一下中国及杭州图书馆的成果和经验。感觉得出来，米兰的公共图书馆界与大学图书馆界之间平常的交流并不多，借此机会，马修也以公共馆界和到访过杭图的双重馆员身份替我做了补充，相当于为我们做了义务宣传员。

之后的互动环节中，听众提出的问题比在米兰图书馆的交流中多得多，这一方面与大学图书馆员对公共馆的情况了解不充分有关，另一方面，这次讲座因为是对外开放的，也有一些非图书馆员的听众，他们的问题自然就更广泛。有些问题甚至是提得比较尖锐的，比如就有听众问道，在我们的"信用借还服务"中，如果有读者滥用这个机制，不讲信用，我们有什么制约措施？说实在的，我们还真没有明确有效的制约措施，我只能回答，到目前为止，我们还没有碰到过这样的读者。然而，从一项完善的服务机制来说，我们的确需要预设极端情况下的应对策略，某种程度上说，这样的提问，也有利于提升和改进我们的工作。

完成了计划中的三场正式交流活动，我的心情格外轻松。与米兰大学图书馆的同事们告别后，时间尚早，天气也好，马修建议陪我们逛逛米兰的时尚街区。米兰最高端的时尚品牌专卖店都集中在市中心的几条街上，到了这里，并没有通常所谓国际大都市那种"花花世界"的感觉，你反而会有一种奇妙的感受，那就是前卫、现代、多彩的时尚元素与古雅、经典、沉稳的建筑相互映衬、相得益彰，愈显出时尚的高贵气质。

3月23日，晴：游访威尼斯、考察国家图书馆威尼斯分馆

又是盼望已久的一个行程。两天前，计划中要陪同我们去威尼斯的米兰图书馆同事戴维曾发给我一张图片，内容是威尼斯全城因为连续几天的阴雨，被泡在水中的场景。我颇为惊愕，因为虽然前几天雨水不少，但雨势并不算很大，这威尼斯也太脆弱了吧。同时我也担心，这会不会影响到我们的威尼斯之行呢？

我们凌晨5点就起了床，赶往已经熟识的中央火车站，在这儿，我们与一起陪同前往的戴维碰头。240公里，2个半小时的红箭高速火车，到达威尼斯。途中的闲聊和沿途风光的掠影，虽然是轻松愉快的体验，与图书馆业务毫不相干，但也是我们了解意大利文化的重要部分，可以理解为是这次业务交流的延伸或者大背景。

真实的威尼斯比我几十年积累起来的印象要丰富得多，也大气得多。走马观花地看，威尼斯也就是一个有着自己鲜明特色的旅游城市，景点、旅游品店、餐馆、旅店、水道、弄堂，还有熙熙攘攘的旅行者，似乎如今威尼斯的一切都是围绕旅游和游客而展开的。然而，好在我们有向导戴维，他边走边聊，让我们更好地了解浮光掠影背后更深刻的东西。

根据戴维的安排，恰当地说是根据米兰图书馆的安排，我们没有去体验那种曾经向往已久的贡多拉船，而是乘坐当地人最通常的交通工具，公交船。据戴维说，坐贡多拉船非常贵，因为那是纯手工摇橹的，船工都是英俊的帅哥，贵是理所当然的。我想，这是米兰馆安排我们坐公交船的主要原因，但就我个人感受而言，这样的方式更接近当地人的真实生活，也许收获会更大。果然，公交船是在主要河道上穿行的，行走的范围更大，我们可以看到更多的东西。让我印象特别深刻的是，在沿途满目的多彩老建筑中，其中有一栋建筑的外墙有一双巨大的手从水底伸出支撑着建筑，充满了魔幻色彩。这是一个人人都能看懂的现代雕塑，它不仅告诉人们威尼斯的古老建筑已危在旦夕，需要得到保护，而且，我认为这个雕塑的确有支撑这栋建筑的功能。这种古典文明与现代艺术完美融合的例子在威尼斯并不鲜见，所以，在威尼斯也看不到丝毫衰败的迹象，处处充满了生气。

当然，在戴维的指点下，我也注意到了普通游客很容易会忽略的一个细节，那就是，几乎每个店家的门框两侧都安装着一根半米高左右的插槽，而路边则经常会看到堆叠着一些类似简易单人床的板架。原来，这都是威尼斯人预防水淹的常规措施。当海水漫进城里，各家各户就会在插槽上插上一块板，以阻挡海水涌入室内，同时，那些板架就会被搭建连接起来，让游客可以在板架上行走，并不耽误游玩和生意。这一方面让我真实地看到了威尼斯城脆弱的一面，但同时也看到了威尼斯人的淡定和乐观。

我们游访的重点是威尼斯城的中心广场。我没想到在这个四面被海水包围着的小城里还有一个如此宏伟的广场，而这个广场周围又有三处宏伟的建筑。一是市政府大厦，二是大教堂，还有一处的功能完全出乎我们的意料，也是被大多数游客所忽略的，它就是意大利国家图书馆威尼斯分馆。在意大利还未统一时，这里就是当时的威尼斯王国的国家图书馆。戴维告诉我们，当时威尼斯人的理念，就是靠行政、宗教和文化三位一体的力量来统治国家和社会，所以，在这个中心广场就安置了这三个建筑。这座城市昔日的光荣与梦想通过保存异常完好的建筑延续到21世纪，它独特的气氛令人感到如魔法般奇妙。

重点中的重点当然是这家图书馆，而且显然是米兰馆早就与他们预约过的，所以当戴维陪我们走进图书馆向总服务台的馆员说明来意后，很快就有一位笑容可掬的女馆员来接待我们。在她的带领下，我们走进了这栋宏伟又古老的建筑。建筑内部的墙面和穹顶到处都是精美的壁画和雕塑，这在我们的理解中已经不属意外了，之前我们去过的很多古老建筑中都是如此。令我意外的是，走进这栋老建筑，丝毫没有昏暗老朽之气，反而给人通透、明亮的感觉。我有意观察了一下，这显然是经过现代建筑理念改造过的，中心有一个巨大敞亮的阅览室，其天顶是全透明的玻璃，抬眼便能看见蓝天白云，温暖的阳光正铺满整个空间。我想，这地方原本应该是意大利建筑中常见的内庭天井吧，如今却成了连接自然与人文的最佳通道。女馆员带领我们走进一个巨大的藏书室，满眼都是直达房顶的大书架和西式古籍。她自豪地告诉我们，威尼斯国家图书馆是意大利乃至全欧洲最早的公共图书馆。我无意中说到，听说我们前几天参观的 Trivulziana 图书馆博物馆是意大利最早的公共图书馆，她用不太肯定的语气说，应该是我们更早。估计他们也没有认真考证过究竟谁更早，不管怎么说，这两家都是最早的图书馆之一是没有问题的，这就够了。

经过改造的阅览室，充满了生气和温暖感

女馆员捧出早已准备好的两份文献放在展示台上。她先拿起一件用类似羊皮纸做的长长的手稿说，这是马可·波罗写的一封信。她的话惊到了我，前几天刚看过达·芬奇的手稿，今天又看到了马可·波罗的信，这太令人不可思议了。不过，她后面的一句话让我稍稍有些失望。她说，你们来得时间很不凑巧，这封信的原件最近正在你们中国的湖南省展出，这是复制件。说实在的，这个复制件做得相当地道，无论材质、色泽、上面的文字，都让我相信这就是原件，丝毫看不出破绽，我倒是宁愿她不说出真相，让我们感觉更幸福一些。

接着，她又拿起另一本书，打开扉页对我们说，这是 1586 年在威尼斯出版的关于中国历史的文献集。扉页上以意大利文献特有的方式清楚地标示着出版年份。掐指一算，这本书已经有 430 多岁了，上面的文字是那么的清晰而真实地呈现在你面前，颇有一种时光穿梭之感。这种感觉，是当我面对一件 2000 年前的青铜器都不会有的。因为一般的文物你只能看到它的相貌，它不会主动向你诉说，而书籍不一样，它上面的每一个文字都在向你清晰地传递着信息，仿佛正在向你诉说当年的故事。接着，女馆员又带我们参观了该馆的常设展览，这是关于威尼斯不同时期的地图展。显然，这是该馆珍贵馆藏的一部分，从中可以看到近千年来威尼斯人在地理科技上的进步历程和精湛的地图绘制技艺。

告别了古老的图书馆，戴维带着我们穿街走巷，一方面是让我们领略威尼斯城的各个角落，另一方面，他想带我们去一家当地最有特色的餐馆用午餐。其实，他对威尼斯也不是特别熟悉，为此，他专门请教了对威尼斯特别熟知的大学老师，是老师向他推荐了这家餐馆。我们兜兜转转走了不少冤枉路，连谷歌地图的导航也不那么管用，可以想象古城的复杂，不过，我们也因此几乎走遍了古城的每一条弄堂，看到了更鲜活、真实的威尼斯。终于，下午 2 点多了，我们在古城的一条内河边找到了这家餐馆，它看上去平淡无奇，客人也不多，没有带给我们什么惊喜。

因为饿了，也因为不懂意大利文，更因为半个月的意餐吃下来已毫无新鲜感可言，所以我对这顿午餐并没有什么期待，只有一个想法，最好能吃鱼，所以，便点了一份鱼餐。送上来的餐让我很好奇，看不到任何鱼的影子，只有两坨白乎乎的糊状物，配上一块白乎乎的糕状物，整个色调就是淡而无味的白乎乎。按传统色香味的要求衡量，这份午餐该打不及格。不过，当我分别品尝了这三样东西，我才意识到自己对意餐的理解过于狭隘简单了。它们不但好吃，而且好吃得让我无法评说好吃在哪里，它们与我之前的美食经验没有可比性，这种情况，让自诩为美食家的我不知所措。更让我没脾气的是，我一直以为无论什么餐，只要看过、尝过，我基本就能判断主要食材是什么，大致怎么做成的，而眼前这盘白乎乎的东西，我除了知道里面有大量的奶酪外，竟然吃不出它们是什么，也看不出怎么做成的，于是，只好请来老板娘询问。老板娘的回答不得不令我对这家餐馆刮目相看。

原来，这是威尼斯的一种特色餐，那块白色的糕状物是土豆做成的，这还能理解，而两坨糊状物则是用一种腌制得很咸很咸的鳕鱼做成的，而且是两种不同的做法。这实在让人匪夷所思，因为，这两坨东西一点都不咸，还有些偏淡。追问之下，老板娘才不无自豪地说出了大致的制作过程。她说，咸鳕鱼要在水里连续浸泡三天三夜，中间还要换好几次水，然后再用橄榄油不断搅拌脱盐后的鳕鱼，连续搅拌 3~4 个小时，直到搅拌成白色的丝状鱼肉纤维，然后才能加配料调制。这顿鱼餐完全颠覆了我思维中对意大利餐的固有印象，让我明白，原来意大利餐也是很多元化的，而且，其制作过程一丝不苟，充满了工匠精神。

用完餐继续逛。威尼斯的文化深厚，内容丰富，不可能一天之内就能体会的，我们也只能像游客一样走马观花，看个热闹。逛到一个露天古董市场，引起了我们的特别兴趣。市场规模不算很大，但东西丰富多彩，大多是一些西式古董，也有东方和中国的古玩。我们也知道这些古董良莠不齐，有些明显就是假古董，但也有不少虽然年代并不太久远，但做工精致的西式实用具，对我们来说特别有新鲜感。寿晓辉甚至看中了一套精致的镶银水晶酒杯，只需 100 多欧元，遗憾的是，我们身边都没有足够的现金，而摊主既不能刷卡，更不能用支付宝转账，只能作罢。我们感叹道，相比于乞丐都用支付宝收钱的杭州，曾经闻名于世的威尼斯商人在支付手段上真的有点落后了。

恋恋不舍地逛到天黑，结束了我们的威尼斯之行。我们买了一些点心，乘坐晚上 7 点半的火车返回米兰，回到旅馆已近 11 点，带着疲惫和满足，洗洗睡下。

3 月 24 日，晴：考察 Parco 分馆和 Venezia 分馆

今天的天气不错，不仅阳光明媚，而且有了些暖意，不似前两天那么冷。今天的安排也相对轻松，继续考察米兰图书馆所属的两个分馆，这两个分馆都位于市中心附近，彼此也离得不远。

Parco 分馆正是克劳迪所在的馆，所以自然而然由他来陪同我们。在约定的地铁口见面后，边走边聊，他先大致介绍了他们这个馆的背景情况。原来，这个馆就处在一个大公园的中心地带，Parco 在意大利语中就是"公园"的意思。20 世纪 50 年代，这个公园所处的位置搞过一个世界建筑博览会，Parco 馆的馆舍是博览会期间一个供参观者休闲的场所，博览会结束后，市政府决定把这处建筑改建为图书馆，这才有了这个 Parco 分馆。

因为今天的时间充裕，克劳迪征求我们意见，在正式参观图书馆之前，是否有兴趣先看看公园及周边景观，我们欣然同意。在市中心区域有一个如此大的公园真是不容易，克劳迪介绍说，这个区域曾在二战期间被炸成了一片废墟，后来改建为公园，在改建时，把一些砖块瓦砾废物利用做了公园的建筑材料，所以，至今在公园某些墙体和路面依然可以看到一些老砖块的痕迹。让废墟的材料融入新的建筑体中，不仅节约了资源，更把历史和曾经的创伤嵌进未来，让后人以看得见摸得着的方式铭记过去，这是多么高明的想法啊，米兰人在 20 世纪 40 年代就有了如此先进的理念，我心中暗暗敬佩。

公园图书馆，由现代亭子间改建而来

我们先参观了一座公园内的现代艺术展览馆。这里的氛围让我们有一种新鲜感，因为在满目的传统经典艺术的市中心，它显得有些另类，这里的空间舒展，装饰简洁，甚至还有以匹诺曹的长鼻子为视觉元素的廊道，室外还有一些现代雕塑作品。这个展览馆的功能显然也是多元化的，既有现代艺术品的展览，也有如高级自行车展这样的工业品展览，还有正在进行学术交流的空间。这自然让我联想到我们的图书馆服务。这个展览馆如果再放上几排书架和图书，不就跟我们的公共图书馆异曲同工了吗？

接着，我们又顺便游览了公园边上的和平门，这是在旅游手册中标明的米兰十大著名景点之一。应该说，这个和平门也是建得气宇轩昂，据克劳迪介绍，这个建筑始建于拿破仑统治意大利时期，当时的想法是要建成凯旋门的，以宣示拿破仑的胜利者姿态。然而，凯旋门还没建完，拿破仑就已经下台滚蛋了。于是，凯旋门变成了和平门，门顶雕塑上那位驾着马车的拿破仑形象也变成了自由战士。我心里在想，沧海桑田间，人类终究还是渺小的，个人的荣辱更是难以预料。这处宏伟的建筑在纪念某段历史的同时，也无情地嘲讽了那段历史中自以为是的主角。我小时候就耳熟能详却一直不解其意的毛泽东主席的名言忽然跳出脑海："人民，只有人民，才是创造世界历史的动力。"此时仿佛恍然大悟，而几乎同时，我脑子里又跳出另一个念头，如果在我们罗马之行前先来到这里，一定会有更强烈的震撼之感。而见识过罗马的辉煌之后，现在看这处建筑，这宏伟也只能算稀松平常了，可见山外有山，天外有天啊。

一圈转完，来到了我们的目的地 Parco 分馆。远远望去，这个建筑颇有特色，就像一个矗立在绿树丛中的大型折纸艺术品，线条硬朗、简洁，以 20 世纪 50 年代的眼光来看，无疑是相当前卫的。这个馆不大，只有 250 平方米左右，但内部的布局合理、精巧，并没有给人很局促的感觉，它甚至还有一个后院，天气晴好时特别适合做室外活动。克劳迪介绍说，因为空间所限，这个馆不可能放很多图书，所以他们的做法有点类似于我们的主题分馆，以动植物等自然科普类图书为主，以契合它所处公园的环境。

聊了一会，他话锋一转，很认真地说要跟我们探讨一个困扰他的问题。我请他说来听听，他反问我，你们馆是如何看待无家可归者的。我暗想，他真是问对人了。于是，我自信地告诉他，我们馆正是从平等对待流浪者开始变得知名的，由此而得到了"中国最温暖图书馆"的美名，并跟他简单介绍了我们的服务准则和做法。没想到，我并没有从他的眼神和口吻中接收到惯常的赞赏信息，而是被他进一步追问说，我相信你们会平等地对待无家可归者，我们也是这样做的，但如果无家可归者的读者比例会影响到正常的服务时，你们如何平衡这些读者与普通市民读者的关系？他这个问题把我问住了，我只能老实告诉他，我们没有那么多的无家可归者，我们没有碰到过这样的问题。进一步的交流中得知，这个问题正是他所在的这个 Parco 分馆所面临的最大困扰。

原来，当地大量的流浪者尽管晚上会到政府提供的庇护所去过夜，但白天他们更愿意集中到市中心的公园区域来，因此，平等、开放、包容的公共图书馆便成了他们最理想的流连之所。在意大利人的观念中，任何人无权干涉流浪者的人身自由，图书馆员们更不会歧视他们，但过多的流浪者的确也会引来普通市民的抱怨。在我们交谈的过程中，我就看到有三四位流浪者进出于图书馆，有一位为了要上网，还不断地要求馆员们提供帮助。其实，该馆的服务已经让我亲眼看到了他们的做法，他们耐心、和蔼的服务不但令流浪者对他们产生了充分的信任，也最大限度地避免了对其他读者的打扰。我相信，这就是最好的答案。我的内心反而产生出一丝愧意，自诩为"最温暖图书馆"的馆员，我们真的做得有他们那么好吗？

午餐由克劳迪领我们到公园附近的一家餐馆，那份叫作 Elephant ear 的炸猪排令我印象深刻，不是因为它有多么好吃，而是的确大到接近一只大象耳朵了，我勉强才吃掉三分之一。我很好奇，那只猪该有多大呀。边吃边聊，我正好向克劳迪请教了很多关于意大利及欧洲社会、政治、历史的问题，有些问题并不是我自己没有答案，而是希望通过聊天了解他的想法。最后给我的感觉是，虽然中国与意大利在社会制度和意识形态上有诸多不同，但作为普通百姓的我们，想法和看法其实并没有多大的差别。

下午由克劳迪陪同前往马修所在的 Venezia 分馆。因为相距不远，我们没有乘车，直接步行前往。途中碰到两位流浪者模样的人热情地与克劳迪打招呼，一问，果然是经常到他们馆来的流浪汉读者。克劳迪呵呵地说，我在这个馆时间久了，这样的读者朋友很多。言谈间可以看出他溢于言表的满足感。

Venezia 分馆更靠近市中心，处于一个十字路口的拐角处，很显眼的位置，也是一幢经典的老房子。经马修介绍得知，这家分馆的原建筑是一家 20 世纪 30 年代老电影院的门厅，电影院的主体已在二战中被毁，只留下了这个门厅，改建后变成了两层，总面积也才 300 来平方米，可以想见它同样不大，但这里的人气明显要比 Parco 分馆旺得多。我很难用言语来描述这家图书馆有什么特色，也许它根本没有什么特色，但作为一家社区图书馆该有的功能它都有。开放的书架、阅览区、活动区、服务台、洗手间，虽然都不大，但设计都很人性化。

一个老电影院的门厅，也成了图书馆

这是我们考察米兰图书馆所属的第 6 个分馆了，我开始对米兰馆的各社区分馆有了一些感觉。它们往往面积都不大，所用馆舍也是因地制宜改建的居多，第一感觉没有什么特别吸引人的地方，更谈不上亮眼的创新。但也许他们的公共图书馆服务理念早已成熟，再加上高超的空间设计能力，所以他们很善于"螺蛳壳里做道场"，把一个并不宽敞的空间搞得很实用、有序、亲切、舒适，静悄悄地践行着"平民图书馆，市民大书房"的理念。相比于我国近年来各地新建的高大上的图书馆，他们在规模、设施和创新上都没有优势，但不知为什么，我内心似乎总感觉这里的空间更像图书馆，也更喜欢待在这样的环境中。这是不是值得我们深思和研究呢？

3月25日，晴：休息、逛运河古玩市场

今天没有任何行程安排，终于迎来了一个真正的休息日，睡到自然醒。不过，今天也是意大利夏时制的第一天，所以，时间又悄悄地少了一个小时。

离回国的日子越来越近了，我们开始安排回国前的一些事务。上午吃完早中饭，我和寿晓辉各自整理了一下行李，看看我们的行李还有多少空间可以带东西。这半个多月的业务交流，我们自己还没有买过多少准备带回的东西，但已经积累了不少业务资料，有些是交流文献，有些是我们自己搜集认为有价值的资料，有些是看着很精美，但内容可有可无的各类材料。这些东西又重又占体积，我们必须忍痛割爱做出取舍。然后，我们又去了一趟超市，买回一些必须要带回给家人、同事、朋友的小礼物，以咖啡、巧克力和糖果等食品为主。

然后，我们决定趁心情放松，时间宽裕，做一件计划中要做的重要事情：给米兰图书馆及相关的馆员写感谢卡。这件事是早在去罗马之前我们就商量好的，打算回国前要按西方礼节给米兰馆及几位为我们热情服务的馆员表示我们的感谢，这一方面是我们发自内心想要表达的，另一方面也是为了更好地维护两馆间的友谊。所以，我们在佛罗伦萨旅游时就顺便买了一套精美的感谢卡。我负责起草感谢的文字，考虑再三，我决定还是用中文写。这样也许他们并不一定看得懂，但如果真的想弄

懂我们的感谢文字，找个翻译的人并不难，而最重要的是，这样的感谢卡会更有特色。文字的最后，我又加了一句几乎全球通用的话，Auld lang syne！这是一句古苏格兰方言的诗歌，因那首已经传遍全世界的经典歌曲《友谊天长地久》而家喻户晓，我相信他们能看懂这一句，看不懂也会好奇去查一下。寿晓辉负责用他漂亮的硬笔书法把感谢语搬到精美的感谢卡上。他居然紧张地写错了两张，幸好一套卡的量还有余地。然后，我们分别签上各自的名字，总算大功告成。

下午有半天完全自由的时间。放松归放松，我们并不想浪费在米兰的宝贵时间，总希望利用这半天能再看点有特色的东西。与马修一通微信商量后，我们决定，请他陪我们去逛一逛位于运河边的古玩市场。这个市场也是旅游手册上大力推荐的一个观光项目，每月最后一个周日才有，我们能够凑上这个时间也算是幸运。促使我们想逛这个市场的另一个原因是，威尼斯的古董市场给了我们不错的感觉，但遗憾那天因为身边没有现金而与心中的宝贝失之交臂，我和寿晓辉都希望淘到一两件称心的东西作为此次意大利之行的纪念。所以，我们期待这个市场能给我们带来惊喜。

这市场比我们想象中的要大得多，一家接一家的摊位密密地沿着运河两岸一路排开。这一段运河其实早些日子马修和留学生李维天曾经陪我们来逛过，当时给我们的感觉是静谧而闲适，但今天完全是另一番景象，一路都是来淘宝的人，看上去也不像都是外地游客。各式摊位所卖之物与威尼斯的市场相似，什么都有，而且良莠不齐。有些东西明显就是假货或是从中国义乌小商品市场进的工艺品，但也有很多的确是有年头的老东西，而且颇有特色和欧式风范，我们感兴趣的当然是后者。

果然幸运，刚进市场，寿晓辉便看中了一只类似圣杯的镶银水晶杯，叫价才20欧元，他果断出手，总算弥补了在威尼斯的遗憾。我一

运河古董市场上的钢锯琴演奏家

直想买一本老书，最好是《圣经》，品相要好，年头至少要 100 年以上的。但市场上图书一类的东西不多，有也是年代不够久远。逛了有大半圈，应马修之邀在一家酒吧里喝了一杯酒歇歇脚，再继续逛。这时，马修指着市场边的一家旧书店说，你要的老《圣经》也许可以上这家店问问。进去一问，老板娘说没有老《圣经》，但有几本与《圣经》有关的老书不妨看看。于是，她爬上梯子，从高高的书架上拿下两本书来向我介绍，并极力推荐其中的一本，我却一眼就看中了她未推荐的另一本。这本书用真皮精装，色调古旧，品相却基本完好，印刷精良。老板娘带着遗憾的口吻说，这本书不是意大利文，是英文的。我一边嘴上说不介意的，一边打开看，果然看得懂书名，《圣经与现代思想》（The Bible and Modern Thought），1861 年伦敦出版，这更坚定了我要买下这本书的决心。原本只是想买本老书收藏，现在这本书不仅可以收藏，还可以有空时慢慢研读，既学了思想又学了英文，可谓一箭三雕啊。老板娘开价 50 欧元，我嘴上说着有点贵，心里已经打定要买的主意。果然，老板娘一分钱也不肯让，我潇洒地付钱携书出门。路上，继续盘算着这本书的年龄，居然已经有 157 年了。再一查 1861 年的大事，这一年更是意大利的建国年和中国的"辛酉政变"慈禧上台的年份，果然很有纪念意义。越想越美，值了。

3 月 26 日，晴：参观博洛尼亚国际儿童书展、参观博洛尼亚图书馆

美好的一天，蓝天白云。今天的行程是去博洛尼亚参观国际儿童书展，这是我们此次交流计划中的最后一个行程。一大早，我们再次来到中央火车站，与安排中的陪同者芭芭拉碰头。芭芭拉自然也是米兰馆的馆员同事，在前些日子的"今日图书馆"国际论坛上已跟她有过一面之交，她理一个男式短发，给人干练、热情的印象。

感觉这趟火车坐的人特别多，座无虚席，我们与芭芭拉的座位居然还是分开的。从她的解释中得知，平常到博洛尼亚的火车上没那么多人，今天人特别多，就是因为有大量的旅客都是去参观书展的。这多少有点让我吃惊，没想到一个儿童书展会有如此大的人气。据我所知，博洛尼亚离米兰只有一小时的车程，尽管是一座古城，意大利共和国成立之前也是一个城邦，但现在看来也就是一座小城，最初还是从意甲联赛中听说这个城市名的，一个落户在这样一座小城的书展，还是一个儿童书的专业书展能有多大的规模和影响力呢？

出了博洛尼亚火车站，芭芭拉说到展馆虽然只有十几分钟的车程，但乘公交不方便，还是坐出租车方便些，于是，我们按规矩到专门的出租车上车处排队等候。在这儿，又让我吃了一个小惊。工作人员说，因为到书展现场的旅客太多，出租车不足应对，可能会等很久的时间，所

以希望旅客们拼车前往。于是，大家纷纷自觉有序地拼车，我们也与另一位陌生女士一起拼了车。果然，绝大多数旅客都是去参观书展的，看来，的确是我小看了这个书展的影响力了。

来到展览现场，这里的景象又让我吃了个大惊。原来，它的规模比我想象中的大得多，更比米兰的国际书展大得多，也漂亮得多。更重要的是，这里的人气爆棚，偌大的展场到处人头攒动，熙熙攘攘。不仅如此，它的内容也相当丰富，除了一般书展上都能见到的各种展位以外，展场里还专门开辟了多种形式的展览区，有插画作品展，有优秀绘本作品展，还有上一届获奖作品展等。中国作为这一届的主宾国，还有专门的主宾国作品展。也许与儿童书的特点有关，整个展场的色彩也特别丰富，到处充满了童趣和魔幻色彩。我们自然特别关注中国的图书和展位，应该说，让我既惊喜又失望。惊喜的是，我们在主宾国展区看到的中国优秀童书作品丝毫不逊于发达国家的水平，不但突显了中国文化特色，而且还颇具创意；失望的是，庞大的中国展位布置设计乏善可陈，也没有看到有特色的儿童图书，反而看到一些政治类的图书放在展架上。我相信不是我们没有实力和能力去布置好展位，而是不重视。这样一个如此充满激情、高水平的展场，因为世界各国的作品和参展商都在此登场亮相，相比之下，作为主宾国的中国展位实在令人汗颜。我在想，国内参展方对此不重视的原因，会不会跟我之前的想象一样，小看了这个书展的规模、档次和影响力？

不管怎么说，这是一个惊艳的书展，出乎我意料的书展。后来，我专门去查阅了这个书展的相关资料。原来，这个博洛尼亚国际儿童书展始创于1964年，今年是第55届，早已经蜚声世界了。55年来，这个古老的小城年复一年地做着同一件事，一年都不落下。每年进步一点点，就足以撑起一个伟大的事业了，这就是坚守的力量啊。

今天的午餐安排有点特别。之前负责我们行程的 桂斯皮娜就跟我们打过招呼，说有一位博洛尼亚的老板要请我们共进午餐，并借此机会向我们了解一些中国图书馆界的情况。我们自然是客随主便，听从米兰馆的安排。果然，下午1点的午餐时分，一位中年绅士来到展馆大门口，要接我们去市中心用餐。芭芭拉与他一通电话联系后，把我们"移交"给了他，并约定下午在市中心碰头。我很好奇，这位老板请我们吃午饭，怎么好意思不请我们的陪同者？他来接我们，怎么好意思不开辆车过来，而是打的过来的？这样的事情，在中国绝对是不会发生的吧，我只能解释为国情不同，文化不同了。

午餐并不豪华，就在市中心一家普通的餐馆里，点了普通的餐，边吃边聊。原来，这是一位意大利的电子书开发商，他希望通过我们了解中国的电子书市场，并试图寻找中国的合作伙伴，开辟中国市场。我们只能把我们所了解的情况告诉他，并给了他一些建议。一位素不相识的商人，一顿真正意义上的工作餐，我甚至直到与他握手告别也不知道他是什么公司的，他叫什么名字。但我们的交谈还是挺愉快的，彼此没有客套，实话实说，他也没有我印象中的意大利商人的狡猾，倒更像是一位学者。我们与他之间，原本毫无瓜葛，与他的见面和交谈，完全是基于米兰图书馆的缘分和信任，吃完谈完了，便也各走各的。仔细想想真有些神奇。

吃完午餐已近下午3点，我们又在市中心的广场与芭芭拉见面，这位老板把我们"交还"给芭芭拉后与我们握手告别。离我们的回程火车还有3个多小时，足够我们逛一逛这座并不太大的古城。芭芭拉对博洛尼亚古城很熟，据她说，她每年都会来参加这个书展，并收集书展的资料，因此，对古城也就了然于胸了。她领着我们走街串巷，走访各种教堂和古老建筑。在夕阳余晖的照耀下，充满古典艺术氛围的古城毫无衰败之气，反而显得生机勃勃。

逛了一大圈有些累了，我们都想找个地方休息，也都想方便一下。顾盼之间，我们又逛回到了中心广场附近。这时，芭芭拉指着一座老建筑如梦方醒地说，对呀，我应该带你们去逛一逛博洛尼亚的公共图书馆。显然，芭芭拉的计划中并没有参观博洛尼亚图书馆这一项。还是我们与图书馆有缘，有访问该馆的愿望。

走进图书馆，里面的感觉与外观完全不同，不但空间很大、很气派，而且也充满了现代气息。经芭芭拉介绍才得知，这家图书馆建筑原先是一个证券交易所，经改造才变成了如今的模样。我忽然意识到，这么多天来，在意大利看了那么多的图书馆，除了特别古老的几家国家级图书馆，绝大多数的图书馆都是从其他功能的老建筑改造而来的，少有直接兴建的图书馆建筑。这一现象是不是可以说明几个问题？一、虽然意大利是欧洲现代公共图书馆的发源地之一，但与大多数国家一样，近几十年来的图书馆事业也是相对弱势事业；二、近些年来，意大利的经济形势并不能像中国一样支撑起一个繁荣的公共图书馆事业；三、政府对公共图书馆事业的保护和发展意识还是很强的。因此，政府只能想尽办法通过改造老建筑来实现对公共图书馆的支持，好在他们的创新设计能力不弱，改造后的图书馆也还算不错。

参观完图书馆，我们满足地坐公交回到博洛尼亚中心火车站，准备回程。芭芭拉又对我们说，这个火车站也是在老火车站的基础上改扩建的。的确，从外观看，这个火车站也是个老建筑，而且规模很小，但实际上，火车站的内部比想象的要大得多，主要是充分利用了地下空间。我只能说，意大利人不但有很棒的设计能力，特别善于"螺蛳壳里做道场"，对历史文化的保护意识也着实令人敬佩。

由证券交易所改建而来的博洛尼亚图书馆

3月27日，晴：告别、谢宴

今天是回国前的最后一天，没有任何的工作安排，我们可以轻松地向米兰告别了。但事实上，我们今天还是有事要做的，某种程度上来说还挺重要。当然，今天的事都围绕告别展开，也是为了了却我们心头的愿望。

第一件事当然是最后去一趟中心馆，向米兰图书馆告别，并向相关人员送上我们的感谢卡。这是我们早就计划好要做的事，正巧，我昨天还收到了总馆长帕里斯的微信，盛邀我们今天中午去中心馆，他要为我们饯行。他的这个邀请有点出乎我们意料，因为我们知道他特别忙，而且意大利也没有宴请之风，我们作为交流馆员，结束工作行程回国是很正常的事，没有必要饯行。他这样的安排只能说明他对我们的高度重视以及与杭州图书馆的友谊深厚，我们岂有谢绝之理？这也正好说明我们专程送上我们的谢意非常有必要。

虽然到中心馆我们已经熟门熟路了，但还是由马修陪同前往，因为我们还有一些财务事项要找他们的会计，由他陪同会方便一些。出乎我们的意料，没有碰上为我们整个交流计划全程安排的桂斯皮娜，听说她得了重感冒，我们没法当面向她致谢了，原本的感谢计划打了折扣。同样出乎我们意料的是，总馆长帕里斯却在办公室里，原来我以为要到午餐时分他才会出现。这其实是我们第一次在他的办公室遇到他。这样的话，我们可以当面向他表达谢意，又为我们的感谢计划加了分。

我摸出事先准备好的感谢卡和一罐从杭州带来的"九曲红梅"红茶，郑重地交到他手里，并将送给老馆长的感谢卡也一并请他转交。他表现出特别夸张的欣喜，我知道这是欧洲人的礼貌举止，但我相信，送上我们的谢意，他也的确是开心的。接着，帕里斯热情地邀请我们进入他真正放置办公桌的小房间，感觉这是个相对私密的区域，估计我们也算是他认为比较亲密的客人才有幸进入。他这个办公室虽不大，但有一个老式阳台，外面的街景可以一览无余。我开玩笑说，这个阳台不错，你工作累了或接待客人什么的，可以在此喝个咖啡聊个天，挺惬意。他呵呵笑着说，你说得没错，不过我从来没有坐在这里喝过咖啡，因为我怕人家以为我无事可干呢。从他的话语里可以听得出来，他对自身的形象很注意，也对自己的工作充满了自信。

午餐时分，在帕里斯陪同下我们又来到第一次访问米兰图书馆时由老馆长出面请客的那家老餐馆。估计这里是米兰图书馆请客的一个"据点"吧。三个星期的意大利餐吃下来，我们对这里的菜品没有过高的期望，对这里的点餐套路倒是有些了解了。不过，我还是对菜单上的一份"Dumpling"充满了好奇，在我的脑子里，Dumpling就是饺子，意大利的饺子会是什么样的呢？所以我老实不客气，点了一份正餐后，又加了一份Dumpling。送上来的Dumpling还是超出了我的想象，我居然没有认出它来，在帕里斯的指点下，我才恍然大悟。原来，这就是一份切得很规整的面疙瘩，但它的调料很漂亮，是浓稠的黄色调，我猜想，应该是用番红花加某种奶酪做成的吧。味道谈不上美味，但很特别，最重要的是，它的做法令我脑洞大开，原来，面疙瘩还可以这样吃的啊。

整个下午没什么事，只等到晚餐时间，我们做东请马修和克劳迪吃告别晚餐。在此之前，我们还有三个多小时随便逛逛。马修建议陪我们去参观一家由飞机库改建的现代艺术馆，我和寿晓辉都有兴趣。因为三个星期来，我们看了太多的欧洲经典艺术，但对米兰的当代艺术接触得很少，以至于我们没怎么感受到作为世界时尚之都的魅力。走了很多路，来到一片空旷地带，有废弃的铁路和一些火柴盒似的厂房建筑，显然，这里是曾经的老工业区。但现在已改造成商业街区，有一些大型超市和儿童游乐城之类的业态，老厂房重新焕发了青春。很遗憾，我们要参观的现代艺术馆却不开放，大门口的开馆时间显示，这个艺术馆一周只开放两天，看来，即使是在世界时尚之都，现代艺术也还是小众艺术。

我们只能随便逛逛了。一路走来，都是些老房子，但不是那种高大上的欧洲经典老建筑，而是看上去很平民化，甚至有些破败的模样。但如今这些老房子都变成了很有特色的酒吧、咖啡馆、小书店和小旅馆等消费型的服务业态，搞得很有文艺范，很受文青的喜爱。我们甚至走进一座其貌不扬的老房子里，从一楼到三楼楼顶，一路走上去，一路不同的风景，一路惊喜，分别安排了餐馆、小展厅、特色书店和屋顶花园，

走走看看，坐坐聊聊，颇为惬意。逛完了这个区域，我开始对米兰有了
不同的理解。这些地方，要不是马修陪同，我们自己肯定是不会来的。
看来，米兰的魅力比我们想象的要深沉得多，可惜直到我们要离开它的
前一天才有所领悟，是不是有点晚了？

文青区的广告也不一般，这样的广告估计谁都会喜欢

晚饭安排在一家叫"毛"的中餐馆，这还是那位学中意文化交流
史的博士女馆员劳拉推荐的。的确很有特色，看来，她对中国文化的热
爱已经深入到餐饮文化中去了。"毛"餐馆以湘菜为招牌，主打毛主席
的概念，墙上画着毛主席的头像和他老人家的《沁园春·雪》手书，
菜单也充满了"毛主席语录"的元素，甚至还有借毛主席语录来为餐
饮做广告的语句。这样的形式，在中国是绝对不会允许存在的，但在意
大利却成了很好的噱头。我个人觉得，这种形式虽然有悖于我们意识中

对毛主席的崇敬之心，却并无恶意，也为意大利人所接受，无形中也为宣传中国文化，宣传毛泽东思想发挥了意想不到的作用。

至于菜品的味道嘛，只能说是我们在意大利吃到的最有中国味的菜了。当然，马修和克劳迪绝对吃得很嗨，他们认为这就是正宗的中国菜了，我们当然也是这样告诉他们的，因为真正正宗的中国菜究竟是怎样的，我们也说不清楚，只能意会不能言传。我能够理解，餐饮文化也许是最底层也是最深奥的文化，是难以用言语来表达的。如果我问他们什么是正宗的意大利餐，他们肯定会说出比萨饼、意大利面及其他，但意大利餐有那么简单吗？这个"及其他"就深奥了，至少我现在已经明白它不是那么简单的。

我们是 6 点左右进的餐馆，除了我们预订的位置，居然都坐满了。不过，一眼望过去全是华人，似乎以留学生居多。我以为，这家餐馆还是一家走华人市场的中国餐馆，但渐渐地，随着中国人一桌桌地吃完离席，越来越多的当地人进来了。到了 8 点左右，除了我们一桌，竟然全变成了当地人，而且还有很多当地人静静地站着等餐。这时我才明白，中国人与意大利人的晚餐时间是不同的，中国人是 6 点，意大利人是 8 点，即便两国人民都爱吃中国菜，用餐的习惯时间是不变的。

我们 4 个大老爷们吃着喝着，天南海北地聊着，但没有聊我们即将回国的事，所以也没有任何分别前的依依不舍，仿佛这就是一次平常的朋友聚会，只要愿意，随时可以再聚。但事实上，这次分别以后，很有可能再也碰不到了，我心里偶然冒出这样一个念头，但随即消失了。我不知道我们为什么会毫无分别前的伤感，是大男人情感粗糙？还是我们的情谊还没有深到那个程度？我仔细想想，似乎都不是，也许我们都比较乐观吧，我们的潜意识中都认为杭州图书馆与米兰图书馆的友谊和业务交流会一直持续下去，我们一定会像走亲戚一样经常来往。更何况，现在有了微信一类的交流工具，即便是天各一方，也还可以像面对面一样聊，分别的情绪自然就淡了。

3月28日，晴：回家

该回家了。睡个懒觉，整理行装，再吃一顿最后的意大利午餐，没有惊喜，没有惊悲，一切平实如常。下午3点，马修再次一脸淡定地开着自驾车来到我们宿舍，把我们送到机场。整个航程也是平淡无奇，准点到达上海浦东，这已经是北京时间29日下午了。再转乘高铁，唯一的惊险是我们差点没赶上火车。我们紧赶慢赶，还剩30米距离时，眼看着工作人员关闭了闸机，幸好她还没走远，我叫住她向她求了个情，能否通融一下让我们进站。如今中国高铁的工作人员也有了人文关怀，她欣然开闸，只是说了一句，你们抓紧一点。等我们冲上火车，已经气喘吁吁，一身热汗，不过，我们的心也完全定了。这时，我脑子里忽然冒出了刚出发那天在浦东机场丢失行李的情景，那天是出了一身冷汗。眨眼间三周的意大利业务交流之旅圆满结束了，以冷汗开场，热汗收场，挺好。

絮絮叨叨把这段经历都写完了，似乎主要的内容都提到了，但我自己心里明白，有些东西是无法用文字表达出来的。那或许才是真正属于我自己的，独一无二的财富，我只能敝帚自珍了。

2018 年 6 月 15 日于杭州

未尽之言：
使命与品格

　　当我把从 2003 年第一次接触温哥华公共图书馆到 2018 年赴意大利交流的这几篇与图书馆认知相关的文字集结在一起，并重新整理一遍以后，我发现我的认知过程清晰，也丰富曲折。从对公共图书馆的毫无感觉到对它的全面认同，从对图书馆服务的单一性认知到对它的多元空间认识，从对它的无限创新期盼到对它的使命坚守的再认识，公共图书馆的模样在我心里变得越来越丰满，也越来越实在。我意识到，也许是与我的经历和专业背景有关，我心里这个公共图书馆的模样并不是一个纯粹图书馆人的设计，也不是一个普通读者对未来图书馆的想象，而是这两者的混合。如此一来，这个混合型的模样也许不够学术，但也许更实在、更有意义，至少我自己是这样认为的。

　　按理说，这几篇非学术的文字已经把我的认知过程和憧憬都描述得差不多了，没有必要再说什么多余的话，但我心里总似有一种言犹未尽之感。所以，我决定再啰唆几句，把我想象中公共图书馆最本质的属性归纳出来，简而言之，就两个词：使命与品格。

一、关于公共图书馆的使命

《公共图书馆宣言》中明确指出，公共图书馆服务的核心应该与信息、扫盲、教育和文化密切相关，并列举了公共图书馆的 12 项主要使命。显然，这些使命涵盖并适度拓展了传统图书馆的服务内容，但由于《公共图书馆宣言》发布时的 1994 年并没有在国际图书馆界形成引入"第三空间"概念的共识，因此，在其使命表述中虽有涉及大文化融合的内容，但表达并不明晰，更没有从提升人类生活意义的角度来阐述。未来公共图书馆的使命不但将全面覆盖《公共图书馆宣言》所列举的内容，而且更应从提升人类生活意义角度来拓展其服务内容和服务方式。

同时，不同地区、不同类型和不同层级的公共图书馆在不同性质的使命方面也应有所侧重。就社会经济水平已经发展到相当程度，扫盲、教育及信息获取等需求已经不再成为问题的地区而言，当地的普通城市公共图书馆也许应更多地关注加强为公众增添生活意义的使命。而对一些具有主题性、学术性背景的公共图书馆而言，"搜集和保存人类文化遗产"这一图书馆最古老的使命依然是他们不可或缺的重要任务。

我认为，总体上来看，公共图书馆应在平等、自由和多元精神的引领下，将学习与信息获取、娱乐与社会交流、表现与愿望实现三大中心使命打造成为其立足于社会并为公众所认同的"鼎立三足"。

1 学习与信息获取

学习与信息获取，包括公共图书馆为公众提供的阅读阅览、文献传递、信息加工以及参考咨询等各项基础性服务。这些是传统图书馆最重要的服务内容和立身之本，未来的公共图书馆虽然在使命上早已超越传统概念，但这些基础性服务不但不会被放弃，还会在新技术的有力支撑下得到强化，并大大提高其效率。这一使命也是使公众实现知识更新和终身教育的最主要手段。

需要特别强调的是，虽然学习与信息获取是公共图书馆的基本使命和立身之本，但在全媒体概念和相应技术正席卷全球的当下，如何更高效、更权威地实现这一使命是摆在图书馆界面前的一个重要课题。充分利用浩如烟海的数字资源和日新月异的信息传输手段无疑是当下公共图书馆界的不二选择，但这远远不够。因为通过各种门户网站、搜索引擎和数据库服务就能轻松实现这一功能，公共图书馆在这一领域毫无优势可言。公共图书馆要想在学习和信息获取这一基本且重要的使命中继续赢得公众的信任和依赖，必须强化自身优势，并把这种优势转化为绝对的资源。公共图书馆的优势就在于传统媒介的丰富馆藏。因此，未来的公共图书馆要特别重视自身特色馆藏的文献开发，并使各兄弟馆间的文献开发资源实现共享。这些资源不仅能以信息的权威性和准确性取胜于社会上泛滥的错误信息和垃圾信息，而且有很多信息是独有的。

同时，公共图书馆必须抓住全媒体浪潮的机遇，采用新的技术和新的合作机制，与社会上各类媒体和信息服务机构合作，将"学习与信息获取"这一职能的触角伸到广播电视、报刊和网络、移动通信等各个平台，实现真正意义上的"泛在图书馆"。

2　娱乐与社会交流

娱乐与社会交流，包括公共图书馆为公众提供的各类活动，如讲座、沙龙、展览、比赛、演出、音乐欣赏、影视放映等，以及图书馆本身为公众设置的自由交流的场所、空间及相关服务设施，如休息区、咖啡吧和茶吧，甚至一小块无功能空地，都是这一使命的一部分。通过这些活动、场所和服务，可以满足公众作为社会人所必需的对休闲娱乐、人际沟通和社交等的需求。这一使命也是最能体现文化多样性和为人们增添生活意义的使命。

毫无疑问，要想高质量地实现娱乐与社会交流使命，在很大程度上依赖于优质的物理空间和项目内容的策划。随着社会经济的发展，当下的公共图书馆虽在物理空间上具有一定优势，但这种优势并不明显。因为各类博物馆、美术馆、音乐厅等公共文化空间以及雨后春笋般成长起来的各种商业娱乐场所都是公共图书馆的有力竞争者。因此，公共图书馆要想在达成这一使命中立于不败之地，需要从两个方面来努力。一是通过建立完善的服务体系，形成各行政层级广泛的图书馆网点覆盖与共享服务，在物理空间、布局和服务上形成优势，将"娱乐与社会交流"职能的触角伸向每一个家庭和公民；二是注重各类活动的内容和形式的策划，特别要善于吸收社会各界的力量来共同参与公共图书馆的各类活动。这是得到社会广泛认同的又一种高效手段。

3 表现与愿望实现

表现与愿望实现，包括公共图书馆为公众提供的自主创意和个人表现的平台、条件和机会。如为普通读者免费开办展览；成立表演团体给读者提供展示才艺的机会；请读者来馆为其他读者传授技艺，等等。通过这些平台、条件和机会，可以满足公众的高层次个人表现和成就展示的需求，或实现获得新的创意灵感并进一步奉献社会的个人愿望。这一使命也是当前公共图书馆最缺失、最未被认知，同时也是最有发展空间的使命。

需要指出的是，有些看似相似的服务内容，其背后的理念和使命本质是完全不同的。比如，请一个知名的合唱团到图书馆来为读者做一场演出，这是娱乐与社会交流的使命；而由读者自行组织的合唱团来为更多其他的读者做演出，这是表现与愿望实现的使命。同样是合唱团的演出，其本质和社会功能是完全不同的。当社会经济发展到小康水平，人们的基本文化需求已经得到满足，获取文化服务的方式越来越多样和便捷的时候，人们尤其需要一个能满足其表现与愿望实现的平台。这就是 K 歌厅即使收费不菲也门庭若市的原因。

二、关于公共图书馆的品格

品格一词的本意是用来形容人的精神特质的，直接用于来描述图书馆似乎并不够妥帖，但仔细体会，作为为人类精神服务的公共文化机构的图书馆，似乎应该兼有人的精神特质。因此，通过拟人化处理，我们完全可以将"品格"一词借用来描述图书馆。我以为，图书馆的"品格"可以理解为是一家图书馆通过其行为和作风所呈现的品性和素质，包括了它的服务能力、服务特点、可信赖度和精神传达等等。我们为什么要谈公共图书馆的品格？我认为，随着经济和社会的迅猛发展和新技术的日新月异，大众对图书馆服务的要求变得更加丰富、更加深入甚至更加个性化。这些要求并不一定简单地通过增加投入、强化管理和提升业务水平就能实现，而需要从理念上和内涵上去努力。这是超越常规数量和质量层面的发展，而提升到了品性和风格的层面。所以，不同的图书馆品格决定了它在实施其使命任务时，最后可能呈现的结果。

我认为，公共图书馆的品格可分为基本品格和个性品格两个方面，前者是公共图书馆的性质决定它必须要具备的，后者是因各图书馆的历史、理念和管理的不同而呈现出来的不同风格。

● 基本品格

以公共图书馆的使命为出发点，我认为，一个优良的公共图书馆应具备以下 5 个方面的基本品格。

1　彻底且平等的公益

公益是对公共图书馆的基本要求，平等是公共图书馆宣言中特别强调的，也是当代社会的基本价值观。近十年来，我国的公共图书馆在这方面取得了长足的进步，这主要得益于改革开放四十年来经济的强有力支撑和观念更新的累积效应。然而，如果以"彻底且平等的公益"这一较高的标准来衡量，应该说大多数图书馆还是有相当差距的，而且地区间、馆际间也很不平衡，与发达国家的优秀城市图书馆相比，则差距更大。

因为传统服务观念、经费压力或创收政策等因素，我国大多数公共图书馆名为公益性服务，实则或多或少地都有一些收费的服务项目或名目。如用户申请的活动或展览，即便活动或展览的性质是完全公益的，图书馆也会以场租费等名义收取一定的费用。同时，在平等服务上也有差距。很多图书馆至今依然对某些服务内容设置特定的服务对象，而不是对全体用户开放。如阅览某些历史文献，必须持一定级别的借书证或要单位介绍信等。

2　准确且海量的信息

在当下这个信息泛滥的时代，全社会并不缺信息，特别是网络技术的普及，使获取信息变成了一件唾手可得的事。然而，信息的准确度却大打折扣。至今为止，曾以作为社会信息中心的公共图书馆所提供的高准确度信息在用户心中依然有较高的信誉，这得益于长期以来图书馆界对信息准确性要求的一贯严谨坚守。但是，无论什么规模的图书馆，都会受到经费和藏书空间的限制，如果每家图书馆仅靠每年购进的正规出版物来提供信息，显然无法满足用户的需求，更无法与网络世界中的海量信息相抗衡。

图书馆要想有能力提供"准确且海量的信息"，无疑必须充分利用现有的技术手段。一方面，通过馆际互借和文献传递等手段实现资源共享，如联机计算机图书馆中心（OCLC）就是这种能实现国际间资源共享的平台；另一方面，提高对网络信息的甄别、加工和有效信息的编辑能力，从而大幅度提高信息的"自生产"能力，以此来增加准确、有效的信息量。

3 多元且便捷的途径

这里所谈的途径，既是指获取各类文献和信息的途径，也包括参与各种活动的途径。就文献和信息获取而言，除了提供便捷的传统文献借阅服务外，建立高质量的数字图书馆无疑是大势所趋。除此之外，通过手机、有线电视等多媒体平台来实现真正意义上的"泛在图书馆"是未来图书馆的必由之路。就参与活动的途径而言，公共图书馆不仅要主办各类丰富多彩的活动，以满足不同阶层、不同年龄用户的需求，而且还要提供多种开展活动的方式。如开办一个文化沙龙活动，既可以是由图书馆请专家来主持，让用户作为客体来参与沙龙讨论，也可以是由用户作为沙龙主体来自行组织、自行主持，以满足用户服务社会、实现自我价值的需求。

目前，我国的公共图书馆大多都在自觉或不自觉地朝"多元且便

捷的途径"这一方向努力，但在实际成效上并不理想，而且馆际间的
差距也较大。

4 包容且多元的文化

随着当代社会人口流动的日益增多，特别是近年来我国迅猛的城市
化浪潮，民众结构和文化背景的丰富性和复杂性是前所未有的。在我国
当下的很多城市中，乡下人、外地人、外省人，甚至外国人共处一地已
经是司空见惯的事。某种意义上说，我国现在很多城市的人口结构，甚
至比一些传统移民国家的城市还要复杂。因此，"多元文化"理念已经
不再是移民国家的专利，当下的我国城市尤其需要有积极而包容的心态
去接受并实践"多元文化"的理念。

作为公益性的文化机构，满足民众的文化需求，促进社会和谐稳定
是公共图书馆义不容辞的责任。而要想做好这一点，秉持包容的文化理
念，提供多元的文化产品是图书馆的不二选择。而事实上，在我国的很
多图书馆，连"多元文化"的理念还并未进入他们的视野，更奢谈实
践。因此，在这一方面，我们尤其要有与时俱进的精神。

5 宜人且自主的环境

这里所谈的环境包括了真实的物理环境和虚拟的空间环境，这是与
当下公共图书馆同步发展实体馆舍和数字图书馆的现实相对应的，也是
当代图书馆用户的基本要求。就实体图书馆馆舍而言，可以说，近十年
来是我国公共图书馆发展最快的部分，也是最值得自豪和炫耀的内容。
得益于整体经济和以房地产为主要依托的地方财政的高速增长，加之，
政府对文化建设的重视，全国大量的城市在近十年中都投入大量经费用
于改善和扩充公共图书馆馆舍，公共图书馆成为许多城市的标志性建

筑。然而，如何更合理地运用新馆舍，特别是如何营造宜人且具有较高用户自主性的实体环境，依然是许多城市图书馆的艰难课题。其主要原因是这些图书馆的管理决策者们缺乏当代图书馆的服务理念和相应的审美、创新能力，思维方式还停留在几十年前。

就虚拟空间环境而言，当下的数字图书馆离用户的要求差距更大。目前，虽然几乎所有的公共图书馆都建有自己的网站，但这些网站在文献资源、服务界面、功能等方面，彼此间的差距非常巨大。更何况，网站与真正意义上的数字图书馆完全是两回事。现在，大多数的图书馆网站只是个普通网站而已，并未达到数字图书馆的定义要求。有些网站虽然初具数字图书馆的特性和功能，但离一个高质量的数字图书馆，特别是一个具有宜人且自主环境的虚拟图书馆的要求还相去甚远。

● 个性品格

作为一个优良的公共图书馆，除了必须具备上述基本的品质外，还应有一些与众不同的个性品质，这是图书馆之间彼此相互区别的重要标志。个性品质没有边界，只要具备独特性，得到社会和用户认可的品质，都是一家图书馆好的个性品质。从大的角度来归类，大致可分为资源和服务两个方面的个性品质。

1 独特的资源

虽然当代的图书馆越来越朝着馆际间的信息和服务共享方向发展，但通常来说，不同的图书馆还是会有其侧重的定位。大学图书馆的主要功能应定位于服务校内外相关学科的学术需求；国家及省级图书馆应该更倾向于学术研究及对全国或全省图书馆界的业务引领；而基层社区图书馆则更应侧重于本区域的基础服务。城市公共图书馆与大学图书馆、国家及省级图书馆或基层社区图书馆的最大不同在于立足于每一个具体的城市。每个城市都有其独特的地理、历史、人文特点，有不同的城市规模、不同的用户结构、不同的风土人情。因此，城市公共图书馆在收集、整理、研究本地文献资源方面具有独特的优势和特别强烈的内在需求，是形成一家城市公共图书馆独特信息资源最主要的方面。

从图书馆业务角度来看，这项工作就是传统的"地方文献"，并没有多少新意。但事实上，对传统"地方文献"工作意义的理解和实际工作质量，各城市图书馆之间有着天壤之别。"地方文献"是一项传统业务工作，对其他类型的图书馆而言，虽然也有此业务，但这项业务质量的好坏不会影响其核心品质。但对城市公共图书馆而言，情况则完全不一样，既是突显其个性品质的重要方面，也是其核心的工作内容之一。可以这样说，一家城市公共图书馆，唯一可能与国家级图书馆或任何形式的国际一流图书馆相抗衡的东西，就是其独特的"地方文献"。

独特的信息资源并不仅仅指"地方文献"。任何一家图书馆，因为种种原因而形成的某一类优势文献资源，都可能是独特的信息资源。比如，"文化大革命"期间，中山图书馆馆员出于职业敏感和强烈的工作责任心，在白天接受批判之余，利用业余时间收集了大量传单、大字报等文献资料，这些资料有的属于地方文献，有些并不属于地方文献，但这一类带有强烈时代背景的文献资料由于形式丰富、总量巨大，就形成了其独特的优势资源。还比如，某家图书馆接受了某一位个人的文献捐赠，虽然总量并不一定很大，但由于文献内容非常集中，对反映或研究某一个具体问题具有文献权威性，这同样也形成了独特的文献资源。

需要强调的是，独特的文献资源更应包括对原始优势文献的开发和研究成果。文献的开发和研究需要长期的积累，对这项工作的重视与否及如何展开，更能体现出一家图书馆的品性和素质。因为，这些成果才是这家图书馆最核心、最独特的资源。

2 相宜的服务

相宜的服务应该包括服务内容和服务方式两个基本的方面，这两者之间既有明确的区别又相互联系，只有两者都做好了，才可能是真正相宜的服务。

从服务内容角度看，现在绝大多数公共图书馆的服务都不再局限于图书借还和阅览，而开始向全方位的公共文化服务方向延伸，如表演、展览、讲座和沙龙等。这虽然是一大进步，但任何一家图书馆的人力、物力和财力资源都是有限的，不可能把一切服务都做到很高的品质，也没有必要越俎代庖去包揽其他机构的服务。因此，集中优势资源，选择最适宜的服务内容才是正途。遗憾的是，目前很少有图书馆去认真研究到底什么服务内容才是本城市居民最需要，且本馆也最可能做好的服务。全面开花式的服务内容，表面看起来热闹非常，但实质上，资源的分散导致用户最需要的服务未必到位。

比如，像深圳这样拥有高比例移民、富有活力的、经济发达的南方大城市与铁岭这样具有浓郁地方特色、有历史积淀的北方中小城市之间，其居民结构、人文背景、生活习惯以及精神需求等都是截然不同的。如果做一场同样的讲座，用户的反响和获得的满足感一定是不同的。因此，一场所在区域用户真正感兴趣的讲座才是一次相宜的服务内容，才是对提升图书馆的个性品质有价值的。

从服务方式角度看，同样的服务内容，是否能获得较好的用户满意度与服务方式密切相关。相宜的服务内容在很大程度上要依赖于相宜的服务方式去实现。一般来说，图书馆对不同年龄段的用户采用不同的服务方式比较有感知度。比如对少儿的活动和对老年人的活动，一定会采取不同的服务方式。但对于同一年龄段、不同文化背景、不同诉求的用户如何开展有针对性的服务，则少有讲究和研究。而这恰恰是体现一家图书馆个性品质的地方。在这方面，不但要注意研究用户的心理需求，还要结合服务内容来整体设计服务方案。比如，同样为年轻人做一场就业辅导的讲座，用户是应届大学生还是农民工兄弟，他们的心理和诉求是完全不同的。如果混在一起谈，结果很可能两类用户都得不到满意的收获。因此，必须有针对性地分别来进行。在主讲人的选择、讲座的内容、语言的运用和互动环节的设计等方面都要不同。甚至对某些用户还要采取个别辅导的方式来完成，只有这样，才能做到真正相宜的服务。

使命与品格，我把描述图书馆模样的最终落脚点放在这两个词上。这是十多年来我在对图书馆的认知过程中归纳出来的个人看法，未必正确，更不权威。但回过头去看这些年来曾感动过我的图书馆，在使命和品格上都能找到不错的参照。我以为，这是以简单直观的方式大模样评价公共图书馆的一条捷径。

2018 年 9 月 30 日于杭州图书馆